AF452303

DOCUMENTS INÉDITS

RELATIFS A

Jean Racine

ET A

SA FAMILLE

PUBLIÉS D'APRÈS LES ORIGINAUX

PAR

LE VICOMTE DE GROUCHY

PARIS

LIBRAIRIE TECHENER

(H. LECLERC ET P. CORNUAU)

219, rue Saint-Honoré, au coin de la rue d'Alger

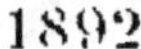

1892

DOCUMENTS INÉDITS

RELATIFS A

JEAN RACINE ET A SA FAMILLE

DOCUMENTS INÉDITS

RELATIFS A

Jean Racine

ET A

SA FAMILLE

PUBLIÉS D'APRÈS LES ORIGINAUX

PAR

LE VICOMTE DE GROUCHY

PARIS

LIBRAIRIE TECHENER

(H. LECLERC ET P. CORNUAU)

219, rue Saint-Honoré, au coin de la rue d'Alger

—

1892

AVANT-PROPOS

———

L A vie de peu d'auteurs a été aussi fouillée que celle de Racine, si ce n'est peut-être celle de Molière ; les consciencieux travaux de M. Paul Mesnard (1), qui, dans *Les grands écrivains de France,* a donné de si intéressants documents sur l'auteur d'*Athalie* et sur ses amis, dont le nom figure dans les pièces relevées par nous, ceux de M. l'abbé Adrien de la Roque (2), semblaient avoir épuisé la mine des découvertes à ce sujet. Il n'en était rien, heureusement, et nous pouvons, aujourd'hui, compléter, autant que possible, les actes authentiques que nos prédécesseurs ont révélé aux admirateurs du poète.

Nous avons, en effet, découvert dans les minutiers de notaires parisiens différentes pièces, que nous avons tout lieu de croire inédites, et que nous nous félicitons d'avoir à publier.

(1) *Œuvres de Jean Racine,* publiées par Paul Mesnard (Hachette, 1885). — Voir aussi l'édition de Racine de M. Moland (Paris, Garnier, 1879).

(2) *Lettres inédites de Jean Racine et de Louis Racine* (Hachette, 1862).

Qu'on nous permette de remercier ici chaleureusement les successeurs de Mes Galloys et Le Secq de Launay, ainsi que le titulaire de l'étude Boulard, (1) qui nous ont ouvert leurs minutiers avec tant de bonne grâce, et de leur offrir l'expression de notre vive gratitude.

La descendance de Racine est représentée aujourd'hui par M. Louis Mirleau d'Illiers, et par M. Albert de Naurois ; elle a été longuement donnée, du reste, dans le *Bulletin de la Société archéologique, scientifique, littéraire du Vendômois,* en 1887 (Vendôme, librairie Devaure-Henrion) et par l'abbé de la Roque, qui appartient aussi à la famille qui nous occupe.

VICOMTE DE GROUCHY.

(1) *Notice sur les descendants de Jean Racine,* par A. M. H. Boulard, ancien notaire à Paris (Inséré au *Bulletin des sciences historiques,* juillet 1824, n° 79). Voir aussi Germain Garnier, édition de 1807, et Geoffroy, édition de 1808.

DOCUMENTS INÉDITS

RELATIFS A

JEAN RACINE

ET A SA FAMILLE

CONTRAT DE MARIAGE DE RACINE

30 Mai 1677.

Furent présents : Monsieur Maitre Jean Baptiste Racine, cons. du Roi, trésorier de France en la généralité de Moulins, demeurant à Paris en l'hôtel des Ursins, paroisse Saint-Landry, fils de deffunt Jean Racine, conseiller du Roi, controlleur au grenier à sel de la Ferté Milon, et de demoiselle Jeanne Sconin, sa femme, et demoiselle Catherine de Romanet, émancipée d'âge, fille de deffuncts Mr Me Jean André de Romanet, conseiller du Roi, trésorier de France en la généralité d'Amiens et de dame Catherine Douvrel, sa femme, demeurant en la maison de Mr Lemazier, ci après nommé, rue des Massons, paroisse St Severin, les quels, en la présence, scavoir, de la part du sieur Racine : de LL. AA. SS. Mgr le Prince et Mgr le Duc ; Mgr le Duc d'Albert ;

Mgr de Lamoignon, premier président ; Mgr Colbert, ministre d'Estat et Mad. son espouze ; Mgr le Mis de Seignelay, secrétaire d'Estat & Mad. son espouse ; Mr Jacques Nicolas Colbert, abbé du Bec ; Mess. de Lamoignon, avocat général ; Mr de Basville, Me des requêtes ; Mr de Gourville ; Mr du Metz, garde du trésor royal ; Mess. Jamart père et fils ; Mr et Mlle Mallet ; Mr de la Chapelle, sr de Bessé ; Mr François le Vasseur, prieur d'Auchy. Et aussy en présence et de l'assentiment des srs parens, scavoir M. Nicolas Vitard, sr de Passy, cousin germain du sr Racine ; Germain-Claude Vitart, son fils ; Antoine Poignant, sr de Brunières ; Mr Pintrel, sr des Bizès, aussi cousins-germains.

Et de la part de la dlle de Romanet, de Claude de Romanet, sieur de Coulerier, son frère ; Dame Elisabeth Dournel, veuve de Mr Jolly, conseiller du Roy, payeur des rentes de l'hôtel de ville, tante ; Mr Jolly Dourdeuil, son fils, conseiller au parlement de Metz, procureur général de S. A. R. Monsieur, cousin germain ; Louis Lemazier, conseiller secrétaire du Roy, greffier en chef de l'hostel, aussi cousin germain à cause de dame Elisabeth de Coulange, son espouse ; Mr Louis Binet, avocat en parlement, fils de Mr Louis Binet, maitre des comptes, cousin issu de germain ; Mr Lemazier fils ; Mr Henin, secretaire du Roy, père ; Mr Henin, son fils, aussi cousins issus de germain et Dame M. Godefroy, veuve de Mr Prevost, grenetier au grenier à sel de Paris ; Mr Prevost, son fils, cousin au mesme degré & dame Margueritte Charpentier, veuve de Mr Lemazier, conseiller et avocat du Roy au Chastelet de Paris.

Lesquelles parties ont volontairement fait et passé entre elles le traité de mariage et conventions qui ensuivent : c'est assavoir que les d. sr Racine et dlle de Romanet ont promis se prendre l'un l'autre en mariage et iceluy faire solemniser en face nostre mère Ste Eglise, dans le plus bref tems que faire se pourra, pour estre communs en tous biens meubles et conquets immeubles suivant la coustume de Paris, encore qu'ils fissent leur demeure ou acquisitions en autres coustumes contraires, aux quelles il est expressement derogé. Et néantmoins ne seront tenus des debtes l'un de l'autre faites avant le dit mariage ; et s'il y en a aucunes elles seront acquittées par celuy ou celle qui les aura faittes, sur ses biens, sans que les biens de l'autre en soient aucunement tenus. Se prennent les d. futurs espoux aux biens et droits à chacun d'eux appartenant, qu'ils apporteront et mettront ensemble la veille des espouzailles. Ceux de la future espouze consistent en son lot du partage des biens de la deffunte dame sa mère, et de ceux qu'elle a acquis de son chef depuis le dit partage, dont sera fait estat, qui sera annexé à ces présentes ; et ceux du futur espoux seront esnoncez en un pareil estat, qui sera aussi annexé à ces présentes. Des quels biens et droits de la future espouze, en entrera dans la communauté la somme de 15.000 l. t. et de ceux du futur époux pareille somme de 15.000 l. t. Et le surplus de leurs dits biens & droits, et ceux qui leur écherront pendant le mariage, par succession dotale ou autrement, tant meubles qu'immeubles, le tout demeurera propre à chascun et aux siens de son côté & ligne respectivement, et l'action pour raison de ce, demeurera aussi propre & immobilière reciproquement. Le dit futur époux a doué la dite future épouze de 1.500 l. t. de rente de douaire préfix, pour en jouir quand il y aura lieu suivant la d. coustume, à prendre sur tous les biens du d. futur espoux & tant qu'il y aura des enfants du dit mariage vivants, le d. douaire demeurera réduit à 1.200 l. t. de rente. Le d. douaire demeurera propre aux enfants qui naitront du dit mariage, le préciput est réciproque pour le survivant de la somme de 4.000 l. t., en meubles de la d. communauté qu'il voudra choisir, selon la prisée de l'inventaire sans creüe, ou de la dite somme en deniers, au choix du survivant. Sera loisible à la d. future espouze et aux enfants qui naitront du dit mariage de renoncer à la communauté ou de l'accepter, et y renonçant, de reprendre franchement & quittement tout ce que la d. future espouze aura apporté au dit mariage, et tout ce qui, pendant iceluy, luy sera escheu par succession, donnation, legs testamentaires ou autres choses, tant en meubles qu'immeubles, mesme la future espouze ses douaire & préciput ci-dessus, le tout sans être par elle ny par ses enfants tenu d'accepter les debtes de la d. communauté, encore qu'elle y eut parlé, s'y fust obligé ou condamné, dont ils seront acquittez et indemnisez et auront hypothèque du jour & date des presentes.

Si pendant le dit mariage il est vendu, acheté, ou rachepté aucun heritage ou rente appartenant en propre a l'un ou a l'autre des d. futurs espoux, le remploi en sera fait en autres heritages ou rentes, pour sortir la mesme nature à celuy ou celle qui y seront parvenus et aux soins de son ooté et ligne. Et si, au jour de la dissolution de la d. communauté, le d. remploi ne se trouvait fait, les deniers se prendront sur la d. communauté et si elle ne suffit a l'égard de la future epouse et des siens, ce qui deffaudra sera repris sur les propres & autres biens du d. futur epoux qui en demeureront chargés et hypothéqués. L'action, pour lequel remploi, sera & demeurera toujours immobilière de part et d'autre. A esté accordé, promettant, etc.

Fait en l'égard des parties, en la maison du ŝ Lemazier, rue des Massons, le 30̂ et pénultieme jour de may 1673; à l'égard de LL. AA. SS. Monsgr le Prince et Mgr le Duc, en l'hostel de Condé & des autres seigneurs & dames en leur hostel, où ils sont demeurants.

Louis de Bourbon.

L. de Bourbon.

De Lamoignon.

Charles Honoré d'Albert.   M. d'Alegre.

Marie Jeanne Colbert.   Colbert.   M. Charron.

Colbert de Seignelay.

Jacques N. Colbert.

Racine.   Catherine de Romanet.

De Romanet.

E. Dournel.

Jamart.   Jamart.   Vitart.   Basville.

Jolly d'Ourdeuil.

Poignant de Brunieré.

Pintrel des Bizès.   Lemazier.   Gourville.

Claude Vitard.   Henin.

M. Godefroy.   Du Metz.

Genevieve Mallet.

Prevost.   Mallet.   Binet.

Charpentier.   La Chapelle-Bessé.

Le Vasseur.

Le Secq de Launay.

Galloys.

ESTAT DES BIENS APPARTENANT A M. J. RACINE

Fait en présence de Catherine de Romanet, sa future épouse,
en conséquence de leur contrat de mariage,
passé le 30 par devant Gallois et Le Secq de Launay.

L'office de tresorier de France en la géneralité de Moulins, du quel le sieur Racine est pourveu, aux gages de 2400 l. t., valant 36000 l. t.

Quatre cent livres de rente faisant au principal 8.000 l. t. dues par Nicolas Vitart, sieur de Passy, par contrat passé devant Gallois not. le.... [*blanc*].

Six cent soixante six livres de rentes sur l'Hotel de Ville.

MEUBLES

Un bassin, une éguière, douze assiettes, trois plats, deux flambeaux, un chandelier, douze cuillers, douze fourchettes, une sallière, une paire de mouchettes, une écuelle, une écritoire d'argent, pesant..... [*blanc*].

Un lit et tous les meubles de damas vert, douze sièges, trois fauteuils, valant 1800 l. t.

Un autre lit de brocard en or et argent avec franges, doublé de satin aurore, valant 500 l. t.

Une tenture de tapisserie de Flandres, valant 500 l t.

Trois tentures de tapisserie de Bergame, valant 110 l. t.

Un grand miroir, plusieurs tableaux, valant 500 l. t.

Une montre à pandule, valant 200 l. t.

Le nombre de [*blanc*] livres in folio et [*blanc*] inquarto et plusieurs autres plus petits, valant 1500 l. t. (1)

Draps, serviettes, nappes, vaisselle d'étain, valant 450 l. t.

Argent comptant. 6000 l. t.

Le sieur Racine jouit de 1500 l. t. de pension qu'il plait au Roy luy donner, et pour le surplus, il est couché sur l'estat de S. M.

---

(1) « Suivant l'état du bien énoncé dans le contrat de mariage, il parait que
« les pièces de theâtre n'etaient pas alors fort lucratives pour les auteurs, et
« que le produit, soit des représentations, soit de l'impression des tragédies
« de mon père, lui avait procuré que de quoi vivre, payer des dettes et acheter
« quelques meubles dont le plus considerable était sa bibliotheque estimée
« 1.500 l. t. et ménager une somme de 6.000 l. t. qu'il employa aux frais de son
« mariage. » (*Mémoires sur la vie de Jean Racine*, par Louis Racine : Lauzanne
et Genève, Marc-Michel Bousquet, 1747.)

ESTAT DES BIENS DE D^{lle} CATHERINE DE ROMANET

La ferme de Variville avec les terres, estimée par le partage 21780 l. t.

2000 l. t. de rente sur les gabelles, valant 16600 l. t.

1000 l. t. de rente sur les gabelles, valant 8250 l. t.

400 l. t. de rente sur les gabelles, valant 3300 l. t.

166 l. t., 13 s. 4 d. de rente sur les entrées, valant 833 l. t. 6 s. 8 d.

33 l. t. 6 s. 8 d. de rente, dues par les héritiers Jacques Guerin, rachetables, 600 l. t.

BIENS A SAINT-LEU

Le tiers dans 112 arpens de bois planté, estimé 1535 l. t.

La moitié de maisons et vignes, dit clos de Parmentier, estimé 630 l. t.

Le tiers de trois arpens 1/2, 18 perches de vignes et la maison estimés 901 l. t. 6 s. 8 d.

Une grande maison contenant plusieurs travées de bastimens, estimée 1000 l. t.

Deux autres travées de logis servant de bûcher, estimées 500 l. t.

9 l. t. de rente foncière due par Jacquinot, rachetables 280 l. t.

Deub par le fermier de Variville, 1800 l. t. pour les années 1675-76.

Deub par Jean Galois, fermier de Tesson, 5 à 600 l. t.

Est deub 500 l. t. de rente par Claude de Romanet, son frère, pour soulte d'échange.

2500 l. t. d'argent comptant

Un cabinet d'ébène noir d'Allemagne, neuf douzaines de serviettes et huit paires de draps.

VENTE DU 12 AOUT 1681

Fut présente en sa personne, dame Marguerite Charpentier, veuve de Mʳᵉ Claude Le Mazier, vivant conseiller du Roy, et son advocat au Chastelet de Paris, y demeurant, rue des Marmouzets, paroisse de Sᵗᵉ Marie-Madelaine, la quelle a reconnu avoir vendu, ceddé, transporté et délaissé par ces présentes, du tout dès maintenant à toujours, et promet garantir de tous troubles, tous douaires, hypothecques, evictions, substitutions et autres empeschemens, générallement quelconques, à M. Jean Racine, conseiller du Roy, trésorier général de France à Moulins, demeurant à Paris rue du Cimetière, paroisse Sᵗ-André-des-Arts, à ce présent et acceptant, acquéreur pour luy, ses hoirs et ayant cause, une maison sise à Paris rue de la Grande Fripperie, consistant en un corps de logis appliqué à deux bouticques, l'une sur la diterue de la Grande Fripperie et l'autre ouvrant sur la rue de la Petite Chaussetterie, caves, chambres, bouges et lieux, appartenances et dépendances, ainsy qu'elle se poursuit et comporte, et extend, de toute part de fond en comble, tenant d'une part au sᵣ Coullon, d'autre part [*blanc*], aboutissant par derrière à la dite rue de la Petite Chaussetterie, par devant rue de la Grande Friperie, en la quelle maison est pour enseigne le Chat, à la dite dame Le Mazier appartenant de ses propres, et a elle, entre autres choses, donnée en faveur de son mariage avec le dit sieur Le Mazier, par noble homme Antoine Charpentier, son père, Docteur régent de la faculté de médecine à Paris, par contrat du d. mariage passé devant Rémond et Le Vasseur, notaires, le 23 août 1651, et au quel sieur Charpentier, comme lors tuteur de la dite dame Le Mazier, sa fille et de deffunte Anne Polard, la dite maison estoit advenue comme héritière seulle et unique de demoiselle Marguerite Fustel, par représentation de la d. deffunte demoiselle sa mère, la quelle demoiselle Marguerite Fustel, au jour de son déceds, estoit veuve de deffunt M. René Pollard, ses ayeuls. Estant en la censive de Sa Majesté à cause de son domaine et chargée de cinquante sols de rente et de deux sols parisis de cens et fonds de terre. Pour toutes et sans autres charges et redevances quelconques, franche et quitte des arrérages du passé jusqu'à présent.

Pour de la dite maison vendue, jouir par le dit sieur acquéreur, ses hoirs et ayans cause, et en faire et disposer comme
de chose lui appartenant, à commencer la dite jouissance du
quinzième jour du présent mois d'aoust, en sorte que le terme
du loyer de la dite maison, eschéant au jour S¹-Rémy prochain, sera partagé esgallement entre les partyes; cette vente
faite à la charge du dit cens des d. cinquante sols de rente
deue au domaine de Sa Majesté, d'entretenir le bail faict de
la dite maison par la d. dame Le Mazier à la veuve Pierre
Rondelle, dont reste à expirer neuf années. Et outre moyennant la somme de 18400 l. t., la quelle somme la dite dame
Le Mazier confesse avoir receue du d. sieur Racine, qui la lui
a baillée, comptée, et dellivrée par les notaires soussignés,
en louis d'or et louis d'argent, le tout bon, dont elle se tient
contente et en quitte le d. sieur Racine, au quel elle a transporté tous droits de propriété qu'elle a en la dite maison
vendue, s'en dessaisissant à son profit, consentant qu'il
en soit mis en bonne possession et saisine, par qui, et
ainsy qu'il appartiendra, à l'effet de quoi elle constitue
son procureur le porteur des présentes, lui en donnant pouvoir, et a présentement dellivré au dit sieur Racine un extrait
du d. contrat de mariage, signé par les notaires soussignés,
un contrat d'eschange passé par devant Desnots et Vaultier
notaires, le 8 juillet 1633, qui est un eschange entre René
Poullet, Marguerite Fustel, sa femme, d'une part, Charles
Fustel et Louise de Villaine, sa femme, d'autre part, par le
quel les dits Fustel et sa femme ont baillé au dit Poullet et sa
femme, entre autres choses, la cinquième portion de la dite
maison rue de la Grande Friperie, plus une sentence de decret
dudit Chastelet du 10 septembre 1644 par la quelle a esté adju-
gée à la d. Marguerite Fustel deux cinquièmes en la totalité
de la d. maison et un ancien titre passé devant Thiriault et
Muissard, notaires à Paris le 12 mars 1556. par le quel Messieurs les commissaires députez par Sa Majesté, ont vendu la
place sur la quelle la d. maison a esté bâtie. au dos du quel
est l'arrest du Parlement portant homologation de la d. vente
du 24 mars 1553 et une expédition de la reconnaissance
passée par le dit deffunt sieur Le Mazier, à cause de la demoiselle sa femme. au Roy. du cens et de la dite rente de 50 sols
devant Rollin et Huart. notaires. le 12 janvier 1668, de la sentence de réception donnée en la chambre du tresor, le 18
desd. mois et an. des quelles pièces le sieur Racine descharge

la d^lle Le Mazier. A esté convenu que le dit s^r Racine pourra, quand bon luy semblera, faire décreter sur luy, à ses frais et despens, la d. maison vendue, et s'il arrive des oppositions, la d. dame Le Mazier promet les faire lever incessamment, à peine de tous despens, dommages et interests et droits à cause desd. oppositions, et le decret avec le présent contrat ne vaudront ensemble que pour un seul tiltre, car ainsy a esté accordé entre les partyes, sans préjudice au dit sieur Racine de 300 l. t. de rente que la dame Le Mazier lui doit en principal et arrérages. Promettant la d. dame Le Mazier d'employer la d. somme de 18400 l. t. ou la plus grande partie d'icelle au payement de quelques debtes dud. deffunt Le Mazier et d'elle, et aussy d'elle en particulier, et par les quittances qu'elle en retirera, déclarer que les deniers proviendront de la presente vente, pour seureté du d. sieur acquereur, a l'effect qu'il demeure subrogé aux hypothecques acquis aux d. debtes.

Promettant, obligeant, etc.

Racine.

                         M. Charpentier.
Symonnet.   Galloys.

BAIL DE LA MAISON DE LA RUE DE LA FRIPERIE

12 AOUST 1681

Furent présents en leurs personnes, Jean Racine, conseiller du Roy, trésorier général de France à Moulins, demeurant à Paris, rue du Cimetière, paroisse St-André des Arts, d'une part, et Perrette Courtoger, veuve de deffunt Pierre Rondelle, vivant marchand bourgeois de Paris, demeurant rue de la Grande Friperie, paroisse St-Eustache, en la maison où pend pour enseigne le Chat, d'autre part, les quels sont convenus entre eux de ce qui ensuit : savoir qu'attendu l'acquisition que le dit sieur Racine a ce jourd'hui faict de dame Marguerite Charpentier, veuve de M. Le Mazier, de la maison en la quelle la dite veuve Rondelle est demeurante, à la charge d'entretenir le bail que la d. dame Le Mazier lui a faite le premier janvier dernier pour neuf années à commencer du jour St Remy prochain, à raison de huit cent livres par an, et aux charges ordinaires, le dit sieur Racine, en tant que besoing seroit, a consenty que le dict bail ait son effect, et que la dite veuve Rondelle jouisse de la dite maison pendant les d. neuf années qui expireront au jour de St Remy 1690, moyennant la somme de 800 l. t. payables par chacune desd. neuf années et un pain de sucre du poids de douze livres, aussy par chacune année, le quel prix et pain de sucre la d. veuve promet et s'oblige, scavoir, a l'esgard du dit loyer aux quatre termes accoutumez dont le premier écherra au jour de feste de Noël prochain, et pour le pain de sucre, la première livraison s'en fera au premier jour de l'année prochaine et ainsy continuer, et outre aux charges ci-après déclarées, savoir de par la d. veuve garnir la d. maison de bien meubles et marchandises exploitables, pour seureté du d. loyer, payer ce à quoy la d. maison sera taxée et cottizée pour les pauvres, boues, chandelles, lanternes et autres charges de ville et police et du tout en acquitter le sieur Racine, entretenir la d. maison de touttes menues réparations locatives et nécessaires, à faire durant le dit tems ; et enfin d'iceluy, la rendre et délaisser en bon estat desd. menues réparations ; souffrir et endurer faire les grosses sy aucune il convient faire, pendant les d. neuf années sans, pour ce, prétendre aucun despens, dommages et intérêts ; comme aussy la d. veuve Rondelle entretiendra le pavé de devant et derrière la dite maison, ensemble les œuvres de fourniture et boutîcque de la d. maison. Au cas que pendant le dit tems du présent bail il convienne vuider la fosse à privé de la d. maison, la veuve Rondelle contribuera à la moitié de ce qu'il conviendra pour la d. vidange. Ne pourra icelle veuve cedder ou transporter le droit du présent bail à qui que ce soit sans le consentement par escript dud. s^r Racine, au quel elle fournira autant des présentes à ses frais dans trois jours, et au moyen des présentes le d. bail fait par la d. dame Le Mazier, cy-dessus datté, a esté, du consentement des parties, lacéré.

Fait et passé a Paris en l'estude de Galloys, l'un des notaires soussignés, le 12 aoust, après midi, 1681, et ont signé :

RACINE.

PERRETTE COURTOYER.

THIBERT.   GALLOYS.

DOT D'ANNE RACINE

15 DÉC. 1698

Par devant les notaires au Chastelet de Melun, furent présentes les humbles et devottes religieuses du monastère de Ste Ursule de Melun, les quelles ont constitué leur procureur général Antoine Septié, bourgeois de Paris, demeurant rue Ste-Avoye, pour recevoir de Jean Racine et de Catherine de Romanet, demeurant rue des Marais, paroisse St-Sulpice, proche les Petits Augustins, la somme de 3000 l. t., contenues en une obligation de pareille somme, passée par les d. s^r et dame Racine au profit des d. relligieuses, le 5 novembre dernier, pour partie de la dotte de Mlle Anne Racine, religieuse professe au dit couvent sous le nom de sœur Scholastique.

Le s^r Septié a touché la dicte somme le même jour.

CONTRAT DE MARIAGE

DE MARIE CATHERINE RACINE

5 Janvier 1699

Furent présents Pierre Collin de Moramber, seigneur de Riberpré, advocat au parlement, fils de Claude Collin de Moramber, ancien advocat au parlement, et de dame Catherine Durant, son épouse, assisté des dits sieur et dame, ses père et mère, la dite dame, du sieur son époux autorisée à l'effet des présentes, tous demeurant en la mesme maison, rue des Noyers, paroisse St Severin, d'une part.

Jean Racine, escuyer, conseiller secretaire du Roi, maison Couronne de France et de ses finances, trésorier général de France à Moulins, et gentilhomme ordinaire de la chambre du Roy et dame Catherine de Romanet, son épouze, qu'il autorise à l'effet de ces présentes, demeurant rue des Marets (1), paroisse St Sulpice, stipulant pour demoiselle Marie Catherine Racine, leur fille, à ce présente et de son consentement, d'autre part.

Les quels en raison du mariage futur du dit sieur de Moramber fils et de la dite demoiselle Racine, sont convenus de ce qui suit, en la présence et de l'avis savoir, de la part du sieur de Moramber, fils, de dame Dorothée de Moramber, sa sœur, de dem^{lle} Marie de Poussemothe de

____

(1) La maison portant, rue Visconti, le numéro 21 est revêtue d'une inscription rappelant que ce fut là que Jean Racine mourut, le 22 avril 1699, et que cette maison fut habitée par la célèbre comédienne Champmeslé.

C'est bien dans cette rue Visconti (autrefois rue des Marais) qu'habita l'auteur d'*Athalie*, mais au numéro 13, où il passa les sept dernières années de sa vie, et non pas au numéro 21.

Une vue de cette maison, dessinée par M Hubert Clergé, se trouve en tête de la nouvelle édition des œuvres de Racine, publiées par Paul Mesnard.

Sur cette maison, dont différentes parties fort intéressantes sont très bien conservées, il n'existe aucune inscription.

Thiersonville et de Charlotte de Flécelles, filles, ses cousines germaines,

Et de la part de la Dem^{lle} Racine, fille, du sieur Jean Baptiste Racine, son frère :

C'est à savoir que led. sieur de Moramber, fils et lad. Dem^{lle} Racine et de l'autorité des d. sieur et dame leur père et mère, ont promis se prendre par union et loy de mariage, et en faire faire les cérémonies au plus tôst.

Qu'ils seront communs en bien meubles et conquets immeubles, suivant la coutume de Paris, encore qu'ils acquièrent des biens ou establissent leur domicile en d'autres coutumes contraires, aux quelles ils ont renoncé, et néanmoins ils ne seront pas tenus des debtes l'un de l'autre, faites avant le mariage, les quelles, si aucunes il y a, seront payées par celuy qui en sera débiteur, sur ses biens particuliers.

Et en faveur du dit mariage, les d. sieur et dame Racine, donnent à la dite demoiselle future épouse, leur fille, ci acceptante, par avancement sur leur succession, la somme de trente mil livres, scavoir, quatorze mil sept cent soixante livres à quoi monte le principal de huit cent vingt livres de rente sur les aydes et gabelles, constituées au dit sieur Racine, par devant Caillet et Galloys, notaires, le 5 septembre 1684, tant au proffit du dit sieur Racine que de la dite dame son espouze.

Six mil trois cents livres à quoy monte la finance de trois cent cinquante livres d'augmentation de gages héréditaires crées par édit du mois de septembre 1698, par quittance du sieur Bertin, enregistrée le 1er mars, signée : Phélypeaux.

Quinze cents livres, principal de soixante quinze livres de rentes, constituées au profit du sieur Racine par dame Elisabeth de Coulange, veuve de Louis Lemazier, comme procuratrice de dame Marie de Coulange, veuve de Mr Charles de Joussancourt, chevalier, seigneur de Grivenne, par contract passé par devant Thibert et Gallois, notaires, le 19 aoust 1681, et cinq cent cinquante livres pour arrérages de la dite rente jusqu'au dernier décembre dernier.

Douze cents livres, principal de soixante livres de rente, restant à rachepter sur cent cinquante livres de rente constituées au dit sieur Racine, par dem^{lle} Agnès Vitard, veuve du sieur le Tellier, bailli de Chevreuse, tant en son nom que comme tutrice des enfants mineurs du dit deffunt et d'elle, par contrat passé devant Caillet et Galloys, notaires, le 30 mai 1684, et trois cent cinquante deux livres pour arrérages de la dite rente, jusqu'au dit jour dernier décembre dernier.

Des quels effets, revenant ensemble à vingt quatre mil six cent soixante deux livres, les dits sieur et dame Racine font cession et transport, avec promesse solidaire de garantir de tous troubles et empeschemens généralement quelconques, mesme, fournir et faire valoir les rentes sur particuliers, sans que cette garantie puisse s'étendre au fait du Roy, pour en faire jouir, et disposer par les dits sieur et demoiselle futurs époux, leurs hoirs et ayant cause, comme de choses leur appartenant, à commencer la jouissance du présent mois, et leur ont déllivré les grosses des contracts, et la quittance des finances des augmentations de gages, en sorte qu'il ne reste plus deub de leur dot que cinq mil trois cent trente huit livres, sur les quelles les dits sieur et demoiselle futurs époux, elle de lui autorizée, confessent avoir reçu des dits sieur et dame Racine, mil trente huit livres et les quatre mil trois cents livres restant, seront par eux payéez lorsqu'il y aura occasion d'employ, avec l'intérest à compter de ce jourd'huy.

Les dits sieurs et dame de Moramber, père et mère du dit sieur futur époux, luy donnent la somme de cinquante mil livres, dont il s'imputera quinze mil livres sur les biens particuliers du sieur de Moramber, père, et trente cinq mil livres sur ceux de la dame son épouse, et seront les cinquante mil livres fournies :

Scavoir : trente mil livres au deslaissement du fief de Riberpré, ses circonstances et dépendances, scitué dans la paroisse d'Esclaron en Champagne, avec la maison et héritages, scituez au bourg et terroir du dit Esclaron, et terroirs circonvoisins, provenant des propres du dit sieur de Moramber, avec les meubles qui y sont.

Treize mil livres en rentes sur particuliers.

Trois mil livres, en deux cinquiesmes d'une maison rue de la Tascherie, indivise entre les d. sieur et dame de Moramber et les dames de Moramber et de Tiersanville.

Et quatre mil livres en deniers comptants et meubles que le dit sieur futur époux reconnait avoir reçu d'eux.

Les dites sommes revenant ensemble aux d. cinquante mil livres.

Des quels effets, les dits sieurs et dame de Moramber, père et mère, font tout délaissement, cession et transport avec promesse solidaire de garantir de tous troubles et empeschemens généralement quelconques, mesme fournir et faire valloir les dites rentes sur particuliers, consistant en six cents livres de rente, au principal de douze mil livres constituées aux dits sieur et dame de Moramber par dame Louise Charles veuve de Martin Bottier, Martin Joseph Bottier, et Marguerite Yvon, sa femme, par contrat passé par devant Legrand et Marchand, notaires, le 3 mars 1698, et cinq cents livres de rente dues par Mesdemoiselles Anne et Magdelaine de St Waast, filles majeures, et Me Estienne Herbert, par contract du 28 aoust 1691, reçeu par Coulon, notaire, dont ils ont délivré au dit sieur leur fils tous les titres et contracts énoncéz au mémoire qui en a esté faict et signé du dit sieur futur espoux et resté ès mains du dit sieur, son père, pour en jouir et disposer par le dit sieur futur époux au premier du présent mois, et luy a esté dellivré les contracts et titres concernant la d. propriété.

Des quels biens des dits sieur et dame futurs époux, entreront en communauté six mil livres de chacun costé, et le surplus, avec ce qui leur écherra, de quelque nature et à quelque titre que ce soit, demeurera propre à chacun d'eux et aux siens de son costé et ligne.

Les survivans des d. sieurs et dames, pères et mères des d. sieur et demoiselle futurs époux, jouiront durant leur viduité pleinement et paisiblement des biens du prédécedé sans qu'il puisse leur en etre demandé aucun compte ny partage, et pourront les dits survivants, durant leur viduité, recevoir seuls tous remboursements de rentes et fonds.

Les dits sieur et dame, père et mère du dit sieur futur époux, promettent solidairement le rendre franc et quitte de toutes debtes jusqu'au jour du mariage.

Le sieur futur époux doue la d. demoiselle, future épouse de mil livres de rentes et douaire préfix, dont le fonds demeurera propre aux enfans du dit mariage, et le revenu demeurera réduit en considération des d. enfants, et pendant qu'ils vivront, à huit cent livres de revenu par chacun an, lequel revenu, lors de l'ouverture du dit douaire au proffit des d. enfans sera de mil livres pour chacun an.

Le survivant des d. sieur et demoiselle futurs époux prendra par préciput des biens meubles de la communauté, pour la prisée et l'inventaire et sans creüe, à son choix, jusqu'à la somme de 3000 livres, ou la dite somme en deniers à son option.

Les deniers provenant du remboursement des rentes ou de la vente des héritages propres seront employées en autres immeubles pour sortir la mesme nature et si, lors de la dissolution de la communauté, le remploi n'était fait, les deniers se prendront sur les biens de la communauté, etc.

Signé :

COLLIN DE MORAMBER.   C. DURANT.

RACINE.   CATHERINE DE ROMANET.

CHARLOTTE DE FLÉCELLES.   COLLIN DE MORAMBER.

MARIE CATHERINE RACINE.

JEAN BAPTISTE RACINE.

DOROTHÉE DE MORAMBER.

M. DE POUSSEMOTHE DE THIERSANVILLE.

MOUFFLE.   CAILLET.

Le sieur Claude Pierre Collin de Moramber reconnaît avoir reçu de Catherine de Romanet, veuve du Sr Racine, 4539 livres 11 sols 8 deniers, le 6 juin 1699.

INVENTAIRE DES BIENS DE MONSIEUR RACINE

14 MAI 1699

A la requète de dame Catherine de Romanet, veuve de M. Jean Racine, conseiller secrétaire du Roi, maison, Couronne de France et de ses finances, trésorier général de France et président au bureau des finances de Moulins, gentilhomme ordinaire de la chambre de Sa Majesté, tant en son nom que comme tutrice de D[lles] Anne, Françoise Jeanne Nicole, Magdelaine et de Louis Racine, écuyer, ses enfans mineurs, par sentence du Châtelet du 11 du présent mois, demeurant, rue des Marais, paroisse St-Sulpice, en présence de Jean-Baptiste Racine, écuyer, gentilhomme ordinaire de la chambre du Roy, demeurant avec la dame sa mère, émancipé d'âge par sentence du Chatelet du 11 du présent mois, assisté de Pierre-Collin de Moramber, s[r] de Riberpré, avocat en parlement, son beau-frère, demeurant rue des Noyers, paroisse St-Severin, il est fait inventaire des biens demeurés au jour du décès du défunt, arrivé le 4 avril dernier, représentés par Charles Hinon, cocher, Albert Péret, Jacques Courbassière, Christophe Verdelet, Catherine Aubé de Milly, Marie Loiseau, et estimés par Louis de Maleteste, huissier-priseur de biens au Châtelet.

Dans la cave :

Trois demi muids de vin de Bourgogne du cru de la récolte dernière prisés. . . . . **225 l.**

Sous les remises estant dans la cour :

Un carrosse couppé, doublé de velours rouge, à ramages, garni de ses glaces, d'un coussin et d'un strapontin, monté sur son train à arc, avec ses quatre roues, prisé tel quel . **200 l.**

Item, une petite chaise roulante, garnie de panne rouge, à glaces, montée sur son train à quatre roues, aussi tel quel prisée . . . . **75 l.**

Dans l'écurie :

Item, deux chevaux ongres sous poil blanc, à courtes queues vieux et caducques, avec leurs harnais, prisés ensemble. **36 l.**

Dans la cuisine :

Item, deux chenets, pelle, pincette et crémaillière, un gril, deux chevrettes, un mortier, deux poëles à frire de différentes grandeurs, le tout de fer, prisés ensemble . . . . 50 sols.

Item, un tournebroche garni de ses cordes à contre poids de cuivre, avec une broche et une lechefrite de fer, prisé le tout ensemble . . . . 4 l.

Item, deux marmites de fonte avec leurs couvercles, prisées ensemble . . . . 10 l.

Item, deux fontaines de cuivre rouge, avec leurs couvercles, à robinet, tenant chacune une voie d'eau, ou environ, posées sur leurs pieds de bois, prisées ensemble . . . 30 l.

Item, une poële à confitures, une marmite, une huguenote, un coquemard, une petite casserole, le tout de cuivre rouge, prisé ensemble . . . . 12 l.

Item, trois chaudrons de différente grandeur, une passoire, deux poëlons, trois chandeliers, le tout de cuivre jaune, prisé ensemble . . . . 9 l. 50 s.

Item, une bassinoire de cuivre rouge avec son manche de bois, prisée . . . . 50 sols.

Item, une poissonnière de cuivre rouge, avec son fonds de fer blanc, une paire de balances de cuivre jaune, prisé ensemble . . . . 7 l.

Item, en pots, plats, assiettes et autres ustanciles d'estain donnant la quantité de cent trente livres, prisé à raison de dix sols la livre, revenant, au dit prix, à la somme de . 65 l.

Item, une table de cuisine, deux bancs, un bas d'armoire et un guichet fermant, une chaise couverte de paille, le tout tel quel, prisé. . . . . 50 l.

Dans une petite despense à côté :

Item, un crocq à pendre viande, en façon de cerceau, une armoire et un grand guichet, une autre armoire à un guichet, une vieille huche, un rouet à filer et un dévidoir, le tout ensemble tel quel prisé . . . . 4 l.

Dans une petite chambre au-dessus de l'écurie ayant vue sur l'écurie et sur la cour :

Item, deux chenets, deux chevrettes, pelle et pincettes, de fer poly, prisés . . . . 3 l.

Item, une cuvette de cuivre rouge, posée sur son pied de bois de noyer, prisé ensemble . . . . 12 l.

Item, un grand coffre de bois de chesne, servant de buffet, dans le quel est un matelas couvert de toile, rempli de bourre, une couverte de laine, un traversin de coutil rempli de plumes, prisé le tout ensemble . . . . 14 l.

Item, huit chaises et un placet de bois de noyer couvert de vieille tapisserie à œillets, et une table de bois de sapin ovalle, prisé ensemble. . . . . 12 l.

Item, deux pièces de tapisserie d'Auvergne, à verdure contenant cinq aulnes, ou environ, de cours, prisé . . 50 l.

Dans une antichambre au premier étage au-dessus de la cuisine :

Item, deux chenets et deux chevrettes, pelle, pincette et tenailles de fer poly, prisé ensemble. . . . . 3 l.

Item, une table de bois de racine de noyer, garnie de son tiroir et deux guéridons de pareil bois prisés ensemble . 100 sols.

Item, cinq fauteuils de bois de noyer, faisant avec sept autres pareils fauteuils, estant dans le garde meuble, le nombre de douze, tous garnis et couverts de tapisserie de point à la turque avec franges et molets de soye, prisés ensemble. 48 l.

Item, un miroir à glaces fines, avec sa bordure de bois doré cizelé, et son chapiteau pareil, prisés . . . . 30 l.

Item, deux grands rideaux de fenêtre de toile de lin avec leurs tringles de fer, prisés. . . . . 12 l.

Item, une portière de deux aulnes de haut sur une et demie environ de largeur, de tapisserie à l'aiguille, avec sa tringle de fer, prisée . . . . 100 s.

Item, sept tableaux, peints sur toile, y compris un petit à l'aiguille, représentant des fruits et personnages, prisés ensemble . . . . 8 l.

Item, deux pièces de tapisserie de Flandre à verdure faisant avec cinq autres pièces de tapisserie pareille, estant aussy dans le dit garde meubles, le nombre de sept, contenant ensemble vingt-trois aunes ou environ, doublé par bandes de toile, le tout prisé ensemble . . . . . . 1000 l.

Dans la chambre à costé :

Item, deux chenets, pelle, pincettes et tenaille de fer, à pomme de cuivre, prisés ensemble . . . . 9 l.

Item, six tabourets de bois de noyer, couverts de tapisserie fine, à l'aiguille, prisés ensemble . . . . 12 l.

Item, un sommier de crin, un matelas de futaine, rempli de laine, deux couvertures de laine blanche d'Angleterre, et une courte pointe de toile indienne, prisé le tout ensemble. 85 l.

Item, une pendule faite par Christophle, à cadran, avec sa boîte d'écaille de tortue, prisée . . . . 30 l.

Item, un bureau de bois de racine de noyer, garny de ses tiroirs, prisé . . . . 15 l.

Item, dix-sept pièces, tant porcelaines que fayence, servant de garniture à la cheminée de la dite chambre, prisées ensemble . . . . 6 l.

Item, une croix de bois de violette sur la quelle est attaché un Christ de buis, prisée . . . . 6 l.

Item, deux tableaux peints sur toile représentant des paysages, avec leurs bordures de bois doré, prisés . . 8 l.

Et à l'esgard des autres meubles estant en la dite chambre, les d. parties ont reconnu qu'ils appartiennent à Mᵉ [blanc], tapissier à Paris, qui les a loués à la d. dame, pendant le temps de son deuil, ceux qui y estoient auparavant ayant esté portez dans le dit garde meuble; et ont signé :

CATHERINE DE ROMANET.

MORAMBER DE RIBERPRÉ.

RACINE.

Dans une autre chambre à costé, ayant vue sur la dite cour :

Item, une table et deux guéridons de pièces de rapport, à piliers de bois sculpté dorés, prisés ensemble . . . 25 l.

Item, un coffre fort de bois de chesne, fermant à clef, couvert d'un tapis de Turquie, prisés ensemble . . . . 10 l.

Item, un grand cabinet de bois d'ébène, en deux corps, par bas à deux guichets et garni par haut de tiroirs, et prisé 75 l.

Item, un petit cabinet de bois de cèdre, à deux guichets, posé sur son pied, un guéridon façon de petite table ronde avec deux petits tabourets; avec quatre chaises de bois, façon de noyer, foncées de paille fine, prisé le tout ensemble. 3 l.

Item, une grande armoire de bois de noyer, à deux grands guichets, et une autre moyenne armoire de pareil bois, aussi à deux guichets, prisés . . . . 70 l.

Item, une malle couverte de veau fauve, un petit coffre de noyer, garny de fer poly et un petit trique-trac, prisé le tout ensemble. . . . . 4 l. 10 s.

Item, un grand miroir à bordures de glaces avec de petites placques d'esbeine doré, de deux pieds et demi environ de haut, sur deux, ou environ, de large, prisé . . 60 l.

Item, trois rideaux de fenêtre de futaine blanche avec leurs tringles de fer, prisés ensemble . . . . 18 l.

Item, trois miroirs de toilette avec leurs bordures et douze pots de fayence servant de garniture aux dits cabinets et armoires, prisés ensemble. . . . . 400 l.

Item, une petite couche à hauts piliers, avec sommier de crin, lit et traversin de coutil, rempli de plumes, un matelas de futaine rempli de laine, une couverture de laine blanche, une courte pointe de toile indienne, avec la trousse, pantes et rideaux de serge verte, prisé le tout ensemble. . . 70 l.

Item, trois pièces de tapisserie de verdure à personnages de Flandres, dont une couppée en deux, faisant ensemble quinze aulnes ou environ de cours, prisées ensemble. 300 l.

Dans une petite chambre, à costé de la d. antichambre ayant vue sur une petite cour :

Item, une couche à bas piliers, avec paillasse, matelas de toile remply de laine, une couverture de laine blanche, deux malles couvertes l'une de veau fauve et l'autre de cuir, prisées ensemble. . . . . 12 l.

Item, une armoire basse à deux guichets et deux tiroirs de bois de chesne, fermant à clef, prisée . . . . 4 l.

Item, plusieurs petits morceaux de tapisserie de Bergame faisant partie du cours de la dite chambre et prisés ensemble . . . . 3 l.

Dans une petite chambre au second étage ayant vue sur la rue :

Item, deux tables, l'une quarrée de bois de sapin, posée sur son chassis et l'autre de bois de chesne ovale, posée sur son chassis ployant, une chaise ployante, un placet de tapisserie couvert en œillets, une petite couche à bas piliers de bois blanc, garnie de sa paillasse, deux matelas remplis de bourrelaine, un traversin de coutil, rempli de plumes, une couverture de laine blanche, le tout prisé ensemble. . 10 l.

Dans un petit cabinet servant de garde robe :

Item, un poissonnier de cuivre rouge, une marmite ronde, aussy de cuivre rouge, une poële à feu de fonte de fer, trois réchauds de fer, quatre fers à repasser linge, un trépied, aussi de fer, une grille de fer, prisé le tout ensemble 4 l. 8 s.

Item, deux tables ovalles de bois de sapin, un placet couvert de tapisserie en oeillets, prisé . . . . 100 sols.

Item, une grande armoire de bois de noyer à deux grands guichets, fermant à clef, prisée. . . . . 7 l.

Dans un passage à costé :

Item, deux pièces de tapisserie de Flandres, contenant six aulnes ou environ. prisées ensemble . . . . 70 l.

Item, une armoire basse à trois guichets, fermant à clef, le dessus couvert de serge verte; et deux chaises de bois de noyer garnies et couvertes de tapisseries à l'aiguille, à roses, prisées ensemble . . . . 12 l.

Dans une petite chambre à costé :

Item, une petite grille, pelle. pincette, un soufflet, prisés ensemble . . . . 40 sols.

Item, une cassette couverte de point de la Chine, posée sur son pied de bois noircy, avec un tiroir, prisée . . . . . 3 l.

Item, une couche à hauts piliers. garnie de son enfonçure. un matelas servant de sommier, un matelas de futaine, rempli de laine, lit et traversin de coutil, rempli de plumes, le tour de la dite couche à pantes et rideaux de damas de laine, doublé d'un taffetas Ysabelle, avec franges et molets de soye et quatre pommes, la courte pointe du dit lit de mesme taffetas, avec un grand fauteuil garny de son coussin en tapisserie bleue et aurore. le tout prisé ensemble . 75 l.

Item, trois pièces de tapisserie, dont deux faisant le tour de lad. chambre et l'autre estant dans le dit [blanc] faisant ensemble six aulnes de cours, qui sont pareilles à celles inventoriées dans la susdite salle et font ensemble une tanture complette, les dites trois pièces prisées ensemble. 50 l.

Item, deux rideaux de fenestres de toile blanche, prisés ensemble . . . . 10 l.

Dans un cabinet au second étage, attenant à la terrasse :

Item, deux chenets de cuivre argenté. pelle, pincettes & tenailles, prisés ensemble. . . . . 3 l.

Item, un petit bureau de bois de rapport garni de ses tiroirs fermant à clef, une écritoire posée sur son pied de noyer, un guéridon avec son pupitre, prisés . . . . 15 l.

Item, quatre fauteuils, quatre chaises et deux petits placets couverts en partie de velours et d'étoffe d'or, prisés ensemble . . . . 60 l.

Item, trois rideaux de toile blanche avec leurs tringles, prisés ensemble . . . . 7 l.

Item, trois tapis dont deux servant de tapisserie au dit cabinet et l'autre servant de portière, avec sa tringle de fer, le tout de Perse, prisés ensemble . . . . 40 l.

Item, deux miroirs de toilette, dont l'un à bordure de bois noircy à plaques de cuivre doré, et l'autre de bois couvert de tubie (sic), prisés ensemble . . . . . . 3 l.

Item, deux tableaux, représentant l'un un calme & l'autre un naufrage, un autre petit tableau représentant la Vierge, un autre tableau représentant un paysage, le tout peint sur toile et bois, dans leurs bordures, prisés ensemble . 125 l.

Item, trois autres tableaux représentant, l'un M. de Luxembourg, l'autre Mr de Richelieu, et l'autre Mr Descartes, et un autre tableau représentant St Jean, le tout peint sur toile avec leurs bordures de bois doré, prisés ensemble . . 15 l.

Item, vingt cinq pièces, tant tasses que soucouppes, de porcelaine et taihière (sic) de la Chine, prisées ensemble . 15 l.

Item, une petite tablette à livres, composée de cinq planches, garnie de serge verte avec un petit rideau de taffetas vert au devant d'icelle, garni de sa tringle de fer, prisée 100 s.

Dans une grande chambre servant de cabinet au dit feu sieur Racine :

Item, un grand bureau de racine de bois de noyer couvert en partie de maroquin, posé sur son pied de pareil bois, deux écritoires de bois de rapport, sans garniture, prisés ensemble . . . . 36 l.

Item, une armoire de bois noircy à deux grands guichets garnis de fils de laiton, prisée . . . . 10 l.

Item un miroir de glace fine, avec sa bordure d'écaille, prisé . . . . 35 l.

Item, deux fauteuils de bois de noyer garnis de paille fine avec leurs coussins d'estoffe, or et argent, une petite écritoire de bois de rapport sur son pied, et un chandelier, aussy de bois de noyer, à crémaillière, prisés ensemble. . . . . 12 l.

Item, seize estampes, avec leurs bordures, prisées ensemble . . . . 18 l.

Item, un portrait peint sur toile, dans sa bordure dorée, prisé . . . . 3 l.

Item, dix neuf pièces de porcelaine fine et un cabaret, façon de la Chine, avec ses pieds dorez, prisés ensemble . . 30 l.

Item, deux jattes de fayence fine et cinq tasses de porcelaine, prisées ensemble . . . . 20 l.

Item, six corps de tablettes de bois de sapin, garnies de bandes de serge verte à clouds dorés, prisés ensemble. 20 l.

Item, trois pièces de tapisserie contenant environ sept aulnes de cours, et une pièce, estant au garde meubles, contenant deux aulnes ou environ de cours, qui sont pareilles aux deux pièces inventoriées dans le dit passage, et composant ensemble une tenture complète, les dites quatre pièces de tapisserie estant de fabrique de Flandres, prisées ensemble. 120 l.

Item, un petit tapis servant de devant de cheminée, de velours de couleur de caffé, avec bandes et galons, or et argent, prisé . . . . 3 l.

Item, six aulnes de tapisserie de Bergame, au derrière des tablettes sus inventoriées, prisées ensemble. . . . . . 8 l.

Item, deux rideaux de fenestres de toile damassée, prisés ensemble . . . . 10 l.

Dans une petite chambre au troisième étage sur le derrière:

Item deux chaises, pelle, pincettes de fer poly, tel quel, prisé . . . . 20 sols

Item, une petite table, façon de la Chine, un petit coffre couvert de velours rouge, posé sur son pied, un guéridon en façon de petite table ronde, et deux chaises de bois de noyer, foncées de paille avec leurs coussins de satin de Bruges, prisés ensemble . . . . 7 l.

Item, une petite armoire de bois de noyer, à deux guichets, fermant à clef, garnie par le haut de fil de laiton, prisée 7 l.

Item, une couche à hauts piliers, garnie de son enfonçure, sommier de laine, lit et traversin garni de plumes, un matelas de laine, une couverture de laine blanche, une courtepointe de toile indienne, la housse de serge verte à pantes et à rideaux, prisé le tout ensemble . . . . 75 l.

Item, six aulnes ou environ de tapisserie de Bergame faisant le cours de la dite chambre, prisé . . . . 7 l.

Dans l'antichambre au troisième étage :

Item, une petite table garnie de bois de rapport, et une
autre table de bois de chêne, garnie de son tiroir,
prisées . . . . . , ... 30 l.

Item, un lit de sangle sur le quel est une paillasse, un autre
lit de bourre de laine, une couverture de laine blanche et un
traversin de coutil, rempli de plumes, prisés ensemble. 15 l.

Dans une grande chambre au troisième estage servant de
garde-meubles :

Item, un fauteuil de bois de noyer garny et couvert de
tapisserie faite à l'aiguille, avec quatre couvertures de bourre,
prisés ensemble . . . . 20 l.

Item, deux autres fauteuils de bois de noyer, couverts de
tapisserie à l'aiguille, quatre fauteuils et une chaise de bois
de noyer, couvertes de paille fine, prisés ensemble . . 9 l.

Item, un petit lit brizé de bois de noyer, garny d'un sommier de crin, d'un traversin rempli de plumes, un matelas de
futaine rempli de laine, deux couvertures de laine blanche,
un pavillon et une courte pointe de toile indienne, deux va-
lizes servant à porter le dit lit en campagne, prisé le tout
ensemble . . . . 45 l.

Item, douze chaises de bois de noyer garnies de toile, avec
une housse de damas vert, une couche à hauts piliers, garnie de son enfonçure, le fond du dit lit à impérial, lit et traversin de coutil, rempli de plumes, quatre rideaux et deux
bonnes grâces, dossier de fond, trois pantes, soubassement et
courte pointe, le tout de pareil damas vert, avec franges et
molettes de soye, la housse du dit lit de serge de S^t-Lô verte
avec ses tringles tournantes, et quatre pommes de lit, le tout
prisé . . . . 300 l.

Item, une autre couche à hauts piliers avec son enfonçure,
matelas de toile rayée rempli de laine, lit et traversin rempli
de plumes, une courtepointe de taffetas de plusieurs couleurs,
avec une housse de serge verte, prisée le tout ensemble. 36 l.

Item, une pièce de brocatelle de Paris, contenant vingt
aulnes ou environ, et prisée . . . . 15 l.

Item, un autre lit de sangle, trois vieilles paillasses et deux
matelas de toile remplis de bourre, deux couvertures et deux
traversins remplis de plumes, tels quels prisés. . . . . 10 l.

Item, une vieille portière d'estoffe de plusieurs couleurs, une autre portière de tapisserie de point de Hongrie, cinq oreillers de toile, remplis de plumes, deux housses de chaises de brocatelle, un dessus de chaise et deux dossiers piqués, couverts de satin jaune, le tout tel quel, prisé . . . . 10 l.

Item, deux housses de croupières avec les chaperons de fourreaux de pistolets, garnis de franges et galons d'argent, prisés ensemble . . . . 30 l.

Item, deux médailles de cuivre représentant [blanc], une paire de tablettes à livres, un vieil fauteuil brisé, et deux vieilles robes de chambre à usage d'homme, prisées ensemble . . . . 10 l.

Dans une autre chambre attenant celle-ci dessus, servant aussy de garde meubles :

Item, une petite couche à hauts piliers garnie de son enfonçure, sommier de crin, lit et traversin de coutil rempli de plumes, trois oreillers, un matelas de futaine rempli de crin, deux couvertures de laine blanche, une couverture de taffetas vert, brodée et piequée, la housse du dit lit, à pantes et rideaux de serge verte avec la toile d'une paillasse et un autre morceau de grosse toile, le tout prisé . . . . . 80 l.

Item, une couche à bas piliers de bois de noyer et aussi son enfonçure de sangle, deux matelas de futaine remplis de laine, un lit et traversin rempli de plumes, une couverture de laine blanche, le tour du dit lit et housse en taffetas rayé avec sa courtepointe du dit taffetas ; une couverture de toile indienne, une housse de serge rouge avec les tringles tournantes de fer, prisé le tout ensemble . . . . 120 l.

Item, neuf pièces et morceaux de tapisserie de satin de Bruges, contenant environ douze aulnes, prisées . . . 25 l.

Item, six autres pièces et huit morceaux d'autre satin de Bruges rouge avec deux grands rideaux de pareil satin prisés ensemble . . . . 24 l.

Item, une forme de lit de sangle avec matelas, lit et traversin, prisé . . . . 25 l.

Item, un petit lit de repos, rembourré de crin, matelas et traversin, prisé . . . . 8 l.

Item, deux pièces de tapisserie de Bergame, faisant le tour de la dite chambre, avec deux tableaux représentant des fruits ouvragés, et une chaise percée, couverte de moquette, prisés ensemble . . . . 100 sols.

*Dans une petite chambre au quatriesme estage ayant veue sur
la rue et sur la cour, servant aussy de garde meubles :*

Item, une petite épée à garde et poignée d'argent, prisée
avec une paire de bottines. . . . . 10 l.

Item, deux coffres de bahut, couverts de cuir noir, fermant
à clef, une malle couverte de pareil cuir, une chaise percée
couverte de moquette, un salloir, prisés ensemble avec un
rouet à filer et deux paniers d'osier à sécher linge. . 100 s.

Item, un tonneau remply de quatre-vingt bouteilles et
caraffes de gros verre, avec six pots de chambre de fayence,
un bassin à barbe, et une douzaine d'assiettes et saladiers
aussy de fayence, le tout prisé ensemble . . . . 6 l.

Item, quinze livres, ou environ, de filasse d'écorce de chanvre, trois livres de filasse de lin, dix livres de fil de chanvre
et lin, le tout prisé ensemble . . . . 12 l.

Dans le grenier :

Une douzaine et demie de pots de fayence et un dessus de
table, prisé. .. . . 3 l. 10 s.

Ensuivent les habits :

Item, un justaucorps, une veste et une culotte de drap noir
avec une camisolle de flanelle, prisés ensemble . . . 45 l.

Item, un manteau d'écarlate rouge, deux vestes dont l'une
de damas rouge et l'autre de gros de Tours, le tout à fleurs
d'or, prisés ensemble. . . . . 60 l.

Item, une robe de chambre bordée de satin violet, avec un
bonnet de velours rouge et estoffe d'or au dessus, prisés
ensemble. . . . . 40 l.

Item, une robe de chambre et une veste de toile, quatre
paires de bas, deux bonnets de laine, prisés ensemble. . 7 l.

Item, une petite pièce de flanelle blanche contenant six
aulnes et demie et une pièce d'étoffe de soye blanche à fleurs
peintes, prisées ensemble. . . . . 15 l.

Item, trois robes de chambre à usage de femme, dont l'une
en velours cramoisy, une autre de taffetas de la Chine blanc
et l'autre de satin jaune, un jupon bleu de moire d'Angleterre,
une robe de chambre et et une jupe d'étamine grise avec une
paire de bouts de manche d'étoffe d'or, prisés. . . . 18 l.

Item, un carreau de velours rouge et un sacq de velours à
ramages rouges, un petit coussin de satin blanc doublé de

taffetas rouge, et un paquet de plusieurs morceaux d'estoffe
de soye, prisés ensemble . . . . 8 l.
  Item, une perruque prisée. . . . . 15 l.

Ensuit le linge :

  Item, quatorze paires de draps de toile de chanvre et lin de
deux à trois lez, prisés à raison de vingt trois livres la paire,
l'un portant l'autre, revenant ensemble au dit prix à la
somme de. . . . . 308 l.
  Item, dix huit paires de petits draps de deux lez chacun,
prisés ensemble la somme de. . . . . 140 l.
  Item, dix sept paires de draps de toile de chanvre servant
aux domestiques, prisés ensemble. . . . . 60 l.
  Item, une courte pointe façon de Marseille, un juppon pareil
et deux rideaux de fenestre de toile damassée, prisés. 30 l.
  Item, dix huit serviettes et deux nappes de toile damassée
avec une douzaine de serviettes de pareille toile, prisés
ensemble. . . . . 36 l.
  Item, deux douzaines de serviettes, deux nappes de toile de
lin, prisés ensemble . . . . 30 l.
  Item, deux douzaines de serviettes et une nappe de toile de
lin, prisées. . . . . 29 l.
  Item, trois douzaines et huit serviettes et six nappes de
toile ouvrée, prisé ensemble. . . . . 25 l.
  Item, trois douzaines de serviettes de toile de chanvre,
prisées ensemble. . . . . 21 l.
  Item, vingt trois nappes de toile de chanvre, eslimées,
prisées . . . . 30 l.
  Item, dix douzaines de serviettes de toile de chanvre, aussi
eslimées, prisées ensemble. . . . . 45 l.
  Item, une autre douzaine de serviettes ouvrées, eslimées,
une robe de chambre et une jupe de toile de baptiste, prisé
ensemble. . . . . 4 l. 10 s.
  Item, dix huit paires de bas de coton, douze paires de
chaussons, six camisoles de futaine et basin, deux bonnets
de nuit piqués, prisés ensemble. . . . . 7 l.
  Item, dix huit chemises de nuit, de toile de chanvre, à usage
d'homme, neuf caleçons, dont partie avec des bas de toile de
coton, prisés ensemble. . . . . 24 l.
  Item, deux douzaines de chemises de nuit, à usage de
femme, eslimées, prisées ensemble. . . . . 20 l.

Item, six douzaines de chaufferies, une douzaine d'alaises, douze tabliers de cuisine, six nappes aussi de cuisine, et deux douzaines de torchons, le tout tel quel, prisés ensemble.   20 l.

Item, deux douzaines et demy de mouchoirs à moucher, et un paquet de menu linge et bouts de toile, prisés le tout ensemble . . . . 15 l.

Item, dix-huit chemises fines à usage d'homme, garnies par les poignets de dentelles, prisées ensemble . . . . 125 l.

Item, quinze autres chemises fines à l'usage du dit deffunt, prisées ensemble . . . . 24 l.

Item, douze tayes d'oreiller, trois estuys à peigner, six tabliers de toile fine, six peignoirs, quatre toilettes, dix-sept coiffes de nuit, un mouchoir de dentelles, prisés ensemble 36 l.

Item, six cravattes de différentes dentelles, quatre autres cravates unies de mousseline, et plusieurs cols de cravates, prisés le tout ensemble . . . . 36 l.

Item, sept aulnes de dentelle de Dieppe, prisées . . 10 l.

Ensuit l'argenterie :

Item, un grand bassin, trois plats, douze assiettes, douze cuillers et douze fourchettes, une autre cuiller et une autre fourchette et une écuelle à oreilles, le tout d'argent blanc, poinçon de Paris, vaisselle plate, pesant ensemble 49 mars 4 onces, prisé à raison de 30 livres le marc revient au dit prix à. . . . . 1485 l.

Une éguiere, trois chandeliers quarrez, un sucrier, une salière, une mouchette et un manche de couteau, le tout, vaisselle montée, argent blanc, poinçon de Paris, pesant dix marcs cinq onces quatre gros, prisé à raison de vingt-neuf livres dix sols le marc. reviennent au dit prix a la somme de. 315 l. 5 s. 6 d.

(La dame Racine a déclaré que les articles de vaisselle d'argent ci-dessus inventoriez est la vaisselle qui appartenait au dit sieur Racine au moment de son mariage et dont le poids a esté laissé en blanc par l'article qui l'énonce, dont est parlé par son contrat de mariage cy après inventorié).

Autre vaisselle d'argent :

Item, deux douzaines d'assiettes, un bassin, un grand plat, un bassin à barbe, deux asiettes volantes, quatre saladiers, une saucière, une cuiller en surtout, trois cents jetons, dix neuf tant fourchettes que cuillers à caffé, le tout, vaisselle plate d'argent, poinçon de Paris, pesant 86 marcs, prisé à raison de 30 livres le marc, revenant au dit prix à . 2580 l.

Item, une eguière, un réchaud, une bassinoire, une caffetière, deux coquemares, un petit pot, une mouchette et son porte mouchettes, deux etaignoires et quatre flambeaux carrés, huit petits chandeliers, une boite à poudre, une écuelle couverte, une tasse couverte de vermeil doré, un bénitier aussi de vermeil doré, un moutardier, un bougeoir, une boite à savonnette, une salière, un cornet et un poudrier, une gondole, deux plombs à coiffer, une tabatière, un petit flacon, un dessus d'encrier et un autre dessus du poudrier, quatorze manches de couteau, une gondole, un autre encrier, un autre poudrier, le tout d'argent monté, poinçon de Paris, pesant 57 marcs, 5 onces, prisé à raison de 29 livres 10 sols le marc, revient, au dit prix, à la somme de .   .   .   . 1699 l. 8 s. 10 d.

Item, une montre à spirale, faite par Turé, à boite d'argent, prisée .   .   .   . 40 l.

Item, un collier de 16 perles rondes d'Orient, prisé. 1000 l.

Item, une boucle de ceinture de diamans, prisée .   . 80 l.

Item, une bastière de diamans, prisée .   .   .   .   .   . 30 l.

Item, une fiole de cristal garnie d'or, une paire de bouttons aussi d'or, trois bagues dans lesquelles sont montées des pierres gravées, une table de bracelet dans laquelle on a ouvré unze topazes d'Inde, un curedent d'or, la garniture d'une tabatière d'escaille, le tout évalué à la pesanteur d'une once, prisé ensemble.   .   .   .   . 46 l.

Item, un petit estuy d'argent, garni de ses cizeaux et d'un poinçon, trois paires de boucles, trois autres petites boucles, deux porte manchons, une éguille de tablette, un porte crayon, une médaille d'argent, une autre éguille de tablette, un gland d'Allemagne, une médaille antique garnie d'or, au bout de laquelle est une perle, deux chapelets de corail et un d'agathe, prisés ensemble .   .   .   . 26 l.

Item, deux tabatières d'écaille, dont l'une garnie d'or & l'autre de cuivre, prisées ensemble .   .   .   . 14 l.

Item, une toilette de moire aurore, avec une dentelle d'or & d'argent autour, doublée de taffetas rouge, prisée . 15 l.

Papiers :

Premièrement, l'expédition du contrat de mariage des dits sieur et dame Racine, passé par devant Galloys et Lesecq de Launay, notaires, le 30 mai 1677, contenant communauté de biens entre eux, sans être tenus des debtes l'un de l'autre faites avant leur mariage ; qu'ils se sont pris avec les biens et droits mentionnés aux états y annexés et que cela a mis en communauté de part et d'autre 15000 livres ; que le surplus de leur bien leur a été stipulé propre et aux leurs, de leurs côtés et lignes, avec ce qui leur écherrait ; que le dit sieur Racine a doüé la dite dame, en cas d'enfant, de 1200 l. de rentes, et en cas qu'il n'y en eût point ou qu'ils vinssent à mourir, de 1500 livres de rentes ; que le survivant prendrait, pour préciput, des meubles de la communauté, suivant la prisée de l'inventaire, sans creüe, ou en deniers, à son choix, jusqu'à la somme de 4000 livres ; la clause pour la renonciation à la communauté et celle pour le remploi des propres ; avec les quelles expéditions se sont trouvés deux estats des biens de la dite dame, dont ne reste en nature que la ferme de Variville, scituée ès environs de Montdidier en Picardie, et l'autre des biens du dit feu sieur Racine dont ne reste en nature que la vaisselle d'argent dont a esté cy devant fait mention, et son office de trésorier de France, inventorié sur le dit contrat de mariage pour le tout (1).

Plus, s'est trouvé les provisions de l'office de trésorier de France, dont le dit sieur Racine a esté pourveu, et dont on n'a parlé au présent inventaire que pour mémoire, attendu que le dit feu sieur Racine était pourveu du dit office avant son mariage.

Item, une liasse de six pièces, l'une est une quittance signée Lefoin, trésorier des parties casuelles, le 18 juillet 1685, expediée au nom du dit sieur Racine, comme trésorier de France, de la somme de 3740 l. 8 s., savoir 2248 l. 10 s. 2 d. provenant de ses gages de l'année 1684, et le surplus des deniers empruntés de M. de Boisfranc par la compagnie, pour jouir par le dit sieur Racine du bénéfice de la déclaration du 20 avril 1685. contrôlée le 28 aoust au dit an, signée Lepelletier.

(1) M. Mesnard donne (tome I, page 182) l'acte de mariage de Racine.

Une autre quittance, signée Milieu, trésorier des parties casuelles, du 25 mai 1695, controllée le 4 juin ensuivant, expédiée au nom du dit sieur Racine, de la somme de 1525 l. 9 s. 9 d. et du bénéfice de l'édit du mois de avril 1694, avec une quittance signée : Armand, du 16 juin 1695, pour les deux sols pour livre de la dite somme.

Copie d'une quittance de 48.000 livres, pour la finance de l'office du premier président au bureau des finances de Moulins, du 18 avril 1692.

L'expédition d'un acte passé devant Caron et Caillet, notaires, le 31 mars 1692, par M° Théophile Bazire d'Estouilly, par le quel il paroist que le dit s' Racine est deschargé de l'emprunt fait par le bureau des finances de Moulins du dit d'Estouilly, énoncé par le dit acte.

Un mémoire, du dit sieur Racine, qui justifie que les dites 3748 l. 8 s., énoncées par la dite quittance, lui avaient esté accordées par le Roy.

Item, trois pièces, la première est un brevet signé : Louis, et plus bas : Phelypeaux, du 12 décembre 1690, par le quel le Roi a fait don au dit sieur Racine de la charge de l'un de ses gentilshommes ordinaires, vacante par la mort du feu sieur Torff de Potentorff.

La seconde est une quittance donnée par dame Anne Leclerc, veuve du dit de Potentorff, comme tutrice de la demoiselle sa fille, au dit s' Racine, de 10.000 livres, que Sa Majesté avait verballement ordonné estre payées par le dit s' Racine, par forme de récompense, en considération du don de la dite charge à la demoiselle de Potentorff, mineure, passée par devant Thibert et Caillet, notaires, le 23 décembre 1690.

Et un extrait du contrat de constitution passé par devant le dit Thibert, le 5 février 1691, à la dite dame Anne Leclerc, comme tutrice de la demoiselle sa fille, de 556 l. de rente moyennant 10000 livres, qui contient déclaration que les 10000 l. du dit sieur Racine sont entrées en la dite constitution.

Item, une liasse de [*blanc*] pièces qui sont : Un imprimé de l'édit de création de cinquante offices de secrétaires du Roy : du 3 avril 1691, et interprétation du dit édit. Une quittance signée : Bertin, trésorier des parties casuelles du 2 septembre 1695, controlée le 18 février 1696, signée : Phelypeaux, expédiée au nom du dit feu sieur Racine de la somme de 55000 livres pour la finance de l'un des dits offices de secrétaire du Roy, expédiée au nom du dit feu sieur Racine le 19 février 1696, signée sur le reply : par le Roy ; Gourdon : sur le reply est fait mention que le dit sieur Racine avoit fait et presté le serment du dit office entre les mains de Monseigneur le Chancelier. Les lettres de survivance obtenues par le dit s^r Racine, du mesme office, signées : Gourdon, enregistrées le 5 février 1696. Coppie collationnée du contrat de vente faite du mesme office par messieurs les secrétaires du Roy au dit sieur Racine, le 13 février 1696. Une quittance du s^r Souller, trésorier du marc d'or des dits secrétaires du Roy, comme quoi le dit s^r Racine lui avait payé 1050 l., à cause de sa réception au dit office et une quittance signée : Bertin, trésorier des parties casuelles, le 14 février 1698, controlée le 1er mars au dit an, de la somme de 12866 l. 13 s. 4 d. payée par le dit sieur Racine comme l'un des réservez, par conséquence de l'édit du mois de décembre 1697, pour jouir de 450 l. effectifs de nouveaux gages, et de l'accroissement de la bourse du sceau, ensemble des droits honoraires et de l'état de la bourse commune des dits droits honoraires (1).

Item, la grosse d'un contrat de constitution, passé devant Caillet et Gallois, notaires, le 5 septembre 1584, par Messieurs les prévosts des marchands et eschevins de ceste ville de Paris, aux d. sieur et dame Racine, de la somme de 820 livres de rente sur les aides et gabelles, au principal de 14760 livres.

Item, la grosse d'un autre contrat de constitution du 21 avril 1690, au profit du dit sieur Racine, de 30 livres de rente viagère, constituée sur les aides et gabelles.

Item, un brevet du Roi, du 15 avril 1692, par le quel Sa Majesté accorde au dit sieur Racine quatre mille livres de pension viagère.

Item, la grosse d'un transport fait par Nicolas Boileau, sieur des Préaux, au dit sieur Jean Racine, de 722 l. 4 s. 5 d. de rente au denier 18, au principal de 13000 livres, constituée au dit sieur Despréaux par messieurs du clergé au diocèse de Paris le 13 juillet 1694, passé devant des Nots et Caillet, notaires, le 25 mai 1695, et sur la quelle grosse se sont trouvez la grosse du dit contrat de constitution faite par le

(1) Voir Mesnard, tome I, p. 188-192, pièces relatives à la réception de Racine en l'office de conseiller secrétaire du Roi, et Servois. *Correspondance littéraire*, année 1862, n° du 25 juin, pages 239-243.

dit clergé du diocèse de Paris, une coppie collationnée d'un arrest du Conseil, deux imprimez de contrats de rente sur la ville, servant à establir l'employ du principal de la dite rente et l'expédition d'un acte passé devant Morlon et Caillet, notaires, le 24 mars 1696, par M. Jacques Boileau, docteur de Sorbonne et chanoine de la Sainte-Chapelle du Palais par lequel il consent que non obstant la donation à lui faite par le dit sieur son frère, il transporte au dit sieur Racine la dite rente (1).

Item, une quittance signée : Mareschal, du 3 février 1699, au dit sieur Racine, de 487 l. 10 s. pour une demie année, escheue le dernier décembre 1698, du loyer de la maison où le dit feu sieur Racine est décédé.

Item, l'expédition d'un contrat du 5 novembre 1698, passé devant Charles Vergeon, notaire à Moulins, entre les dits sieur et dame Racine et les dames Religieuses Ursulines de Melun, pour la profession de dame Anne Racine, leur fille, qu'elle a fait au dit couvent, dont la dot a été payée par quittance reçue par Caillet, notaire à Paris, le 15 décembre 1698, montant à 3000 livres, les quelles 3000 livres ont esté prêtées au trésor royal le 18 décembre 1698, dont a esté passé contract au proffit des d. dames Religieuses de 150 livres de rente, portant que le principal procédait de partie de la dot de lad. dame Racine, dite de Sainte Scholastique, passé devant Mouffle et Caillet, notaires, le 8 janvier 1699.

Item, la grosse d'un contrat de constitution, passé devant Morlon et Caillet, notaires, le 13 février 1696, faite par les d. sieur et dame Racine à dame Louise Goujon, veuve du sr Louis Quinault, auditeur des comptes, de 750 livres de rente, en suite de la quelle est la quittance de rachapt de la dite rente.

Item, deux pièces, la première est l'expédition d'un contrat de vente faite par dame Marguerite Charpentier, veuve de Claude Lemazier, advocat du Roy au Châtelet, au dit sieur Racine, d'une maison sise à Paris, rue de la Grande Fripperie, moyennant la somme de 18400 l., par le dit contrat passé par devant Lemonier et Gallois, notaires, le 12 aoust 1681, en marge du quel est l'insinuation, signée : Parseval et

____

(1) Voir le *Testament de Nicolas Boileau-Despreaux*, par M. le Vicomte de Grouchy, dans le *Bulletin de la Société de l'histoire de Paris et de l'Ile de France*, t. XVI, 1889, p. 103-115 et 130-146.

Legrand, et le décret fait en exécution du dit contrat, aux requestes de l'hostel daté en fin du 5 juillet 1685, scellé le 16 du mesme mois, signé Du Chayet, avec les quelles deux pièces se sont trouvez les anciens titres et autres pièces concernant la propriété de la dite maison.

Item, trois pièces, la première est une disposition testamentaire du feu sieur Racine, du 29 octobre 1685, contenant trois articles de legs en faveur des pauvres, montant à 1300 livres, sans comprendre un legs par luy fait à une nourrice qui est morte avant le dit sieur Racine. Cette disposition porte aussi de remettre entre les mains de M. des Préaux tout ce qui se trouverait de papiers concernant l'histoire du Roy, ce que le dit sieur Racine a exécuté lui mesme, pendant sa maladie, dans le caresme dernier, ainsy que les d. parties le déclarent. (1)

La seconde est une autre disposition, du 10 octobre 1698, où il choisit sa sépulture à Port Royal des Champs, et donne à l'abbaye du dit lieu huit cents livres. (2)

Et la troisième est la quittance de Madame l'Abbesse du dit Port Royal, du 3 mai 1699, par elle donnée à la dite dame Racine, des dites 800 livres.

Le dit sieur de Riberpré a représenté l'expédition de son contrat de mariage, passé devant Mouffle et Caillet, notaires, le 5 janvier 1699, contenant que les dits sieur et dame Racine ont constitué à la dite dame de Riberpré, leur fille, en advancement sur leur succession future, la somme de 30.000 l. en effetz portez au dit contrat, dont ils ont fait la dellivrance par iceluy, à l'exception de 4.300 livres, dont les intérêts sont dus du 5 janvier 1699. Et que le survivant des d. s^r et dame Racine jouira pendant sa viduité pleinement et paisiblement des biens du prédécédé, sans que l'on puisse lui en demander aucun compte ni partage, et encore pourra le dit survivant, durant sa viduité, recevoir seul tous remboursements de rentes ou de fonds. Ce fait, le dit sieur de Riberpré a retiré l'expédition de son contrat de mariage. (3)

---

(1) Voir sur l'histoire de Louis XIV par Racine et Boileau, M. Mesnard, tome I, pages 110 et suivantes. et les *Mémoires sur la vie de Jean Racine,* par son fils (Mesnard, tome I, pages 276 et suivantes).

(2) Voir Mesnard tome I, page 161, et *Mémoires sur la vie de Jean Racine* (Mesnard, tome I, page 344).

(3) Voir l'acte de mariage, Mesnard, tome I, page 183.

Item, un estat escrit de la main du dit sieur de Riberpré justifiant qu'il avait reçu, et mis en communauté, sauf à reprendre ce qui n'y devait pas entrer, la somme de 23,400 livres 18 s.

Item, un autre estat des remboursements faits des biens de la dite dame Racine, et des effets mobiliers qu'elle avait lors de son mariage, sommé au bas à 39.652 l. 12 s.

Item, un estat des deltes de la dite dame Racine, payées pendant sa communauté, sommé au bas, 9469 l. 11 s.

La dite dame Racine a représenté la somme de 1505 livres en louis d'or et d'argent, du reste des deniers comptant qui estoient lors du dit déceds et de ceux qu'elle a reçus depuis, desduction faitte de ce qu'elle a desboursé pour le charron, le mareschal, le bourrelier, les gages du domestique Fortin et autres menues despenses, mesme des frais funéraires et du legs de 800 livres fait à Port-Royal-des-Champs, montant les dits frais funéraires et legs à 1328 livres.

Déclarant la dite dame Racine, qu'il est deub à la dite communauté, pour reste des gages du trésorier de France a Moulins, de l'année 1698, 1448 livres.

Pour les fermages de Variville, de l'année 1698, et des précédentes, la somme de 1461 livres.

Pour les gages de la charge de gentilhomme ordinaire, de l'année 1698, 2000 livres.

Pour les six premiers mois, 1699, de la rente sur les aides et gabelles, 410 l.

Quelques arrérages de la rente due par le clergé du diocèse de Paris.

Le premier quartier, 1699, des gages de l'office de secrétaire du Roy, montant à 550 livres.

Neuf quartiers des petites bourses, montant à 50 livres.

Le quartier d'octobre dernier des grandes bourses, qui est de 314 livres.

Le quartier d'honoraires de la petite bourse, d'octobre 1698, de 50 l. 15 s.

Autre quartier d'honoraires, eschus au dernier mars 1699, de 64 livres.

Le quartier de janvier 1699 des grandes bourses, qui n'est pas encore fixé.

2000 livres pour la pension du dit feu sieur Racine, en qualité d'homme de lettres, pour l'année 1699.

Le quartier courant de la maison du Chat, rue de la Grande Fripperie.

Il est deub par la dite communauté :

Les arrérages de 500 livres de rente dues à M. Galloys, dont une année est escheue le 1er mars dernier.

Plus, au dit sieur de Riberpré, 150 l., pour ce qui s'est trouvé moins deub par le sieur de Goussancourt, de ce qui lui avait esté transporté par son contrat de mariage, pour arrérages de rentes.

Plus, pour menus gages des domestiques restés à la maison, pension d'enfants, arrérages de rentes et pensions viagères des religieuses, la somme de 758 livres ou environ.

Il a esté annexé aux présentes, à la réquisition des parties, un estat des livres de la dite communauté, estimés par les sieurs Osmont et Villery, et paraphé des partyes.

Item, un livre relié et couvert de parchemin, qui servait de journal au feu sieur Racine, sur trente six feuillets du quel il y a de l'escriture ; à quelques endroits, il y a des articles en blanc, mesme quelques radiations, les dits feuillets escrits, cottés et paraphés, par premier et dernier, avec lequel s'est trouvé un petit mémoire, escript sur un feuillet de petit papier, où il est fait mention que les biens de la dite dame Racine montaient à 61.866 livres et qu'il y avait lieu de reporter soit par diminution, ou par payement de rentes ou debtes 13882 livres.

Item, une liasse de 25 quittances et pièces, servant à la descharge de la dite communauté.

Ce fait, après qu'il ne s'est plus rien trouvé à inventorier, du consentement des dits sieurs Racine et de Riberpré, le contenu au présent inventaire est resté en la possession de la dite dame Racine, qui s'en est chargée et promet le tout représenter, quand et à qui il appartiendra.

CATHERINE DE ROMANET.

RACINE.   MORAMBER DE RIBERPRÉ.

MOUFFLE.   CAILLET.

Tenu pour clos le 22 mai 1699.

GANDRON.

ESTAT DES LIVRES

*Demeurez après le décés de feu M. Racine, secrétaire du Roi,
thrésorier de France et gentilhomme ordinaire de Sa Majesté.*

Sanderi, Brabannæ, Folio prisé . . . . 10 l. t.
Theatrum Belgicum, fl° . . . . 20 l. t.
Flandria illustrata fl°. 2 vol. . . . . 30 l. t.
Sanson, fol° 2 vol. . . . . 15 l. t.
De Re diplomatica, fol° . . . . 20 l. t.
Roma subterranea fol°. . . . . 10 l. t.
Spon, miscellanea, fol°. . . . . 20 l. t.
Gruteri inscriptiones fol. . . . . 20 l. t.
Histoire Romaine par Coeffeteau, imparfaite, fol°. 1 l. t.
Bibliothèque de la Croix du Maine, fol°. . . . . 1 l. t.
Images de la bible, de Merian, 4° . . . , . . . 4 l. t.
Linetfort, fol°. 2 vol. . . . . 14 l. t.
Bandran, dictionarium fol°, 2 vol. . . . . . . 8 l. t.
Chronique de Zélande par Petit, fol° 2 vol. . . . 7 l. t.
Froissard, fol°, Lion. . . . . 8 l. t.
2 vol. dont Monumenta illustrium Virorum, fol° . 5 l. t.
Heinsii inscriptiones, flo . . . . 7 l. t.
Dupuys, histoire de Boniface, fol°. . . . . . . 5 l. t.
Lilii Giraldi opera, fol°. . . . . 5 l. t.
Thévet, des hommes illustres, fol. . . . . . . 10 l. t.
Corpus juris canonici Pithoei, fol., 2 vol. . . . 10 l. t.
Bellum lusitanum f°. . . . . 5 l. t.
Recherches de Pasquier, fol° . . . . 2 l. t.
4 volumes des mémoires de du Bellay . . . . . 4 l. t.
Dionis Chrisostomi fol. grec et lat. . . . . . . 4 l. t.
Fournival, des Thrésoriers de France fol°. . . . 6 l. t.
Chronicque de Monstrelet fol° . . . . 5 l. t.
Histoire de France de la Popelinière f° 2 vol. . . 5 l. t.
Mémoires de la Franche Comté fol° . . . . . . 2 l. t.
Orbis maritimus Morisoti fol. . . . . 1 l. t.
Histoire d'Angleterre de du Chesne, fol. . . . . 3 l. t.
Histoire de Davila, fol. 2 vol. . . . . 4 l. t.
3 vol. fol. dont Polidorus Virgilius . . . . . . 3 l. t.
La suite des Cartes de l'Europe, fol. . . . . . 30 l. t.

Histoire de France de Ste-Marthe, fol., 2 vol. . . . 12 l. t.
Salvianus, de piscibus, fol. . . . . 10 l. t.
Villarpandus in Ezechielem, fol., 3 vol. . . . . . 15 l. t.
Bibliotheca Tolleriana, fol. . . . . 6 l. t.
Vie des saints, 2 vol., fol. . . . . 7 l. t.
Vitruve de Perrault, fol. . . . . 12 l. t.
Lettres du Cardinal d'Ossat, fol., grand papier . . 2 l. t.
Histoire métallique de Hollande, fol. . . . . . . 4 l. t.
Afrique d'Aper, fol. . . . . 7 l. t.
Hérodote de Dacier, fol. . . . . 2 l. t.
Apparatus biblicus, fol. . . . . 8 l. t.
Prophetæ majores, fol. . . . . 8 l. t.
Cicero, Gruterii, fol. . . . . 1 l. t.
Dictionnaire de Moreri, fol., 3 vol . . . . . . 30 l. t.
Dictionnaire de l'Académie, fol., 2 vol. . . . . 20 l. t.
Photei Bibliotheca, fol., gr. et lat. . . . . . . 8 l. t.
8 vol. dont Helvetic. chronicum, fol. . . . . . 6 l. t.
Grotii opera, fol., 5 vol. . . . . 50 l. t.
Sinopsis criticorum, fol., 5 vol. . . . . 60 l. t.
Muisius in psalmos, fol. . . . . 10 l. t.
Photii epistola, fol. . . . . 2 l. t.
Eusebii historia ecclesiastica, fol, gr. et lat. . . 6 l. l.
Eusebii chronicum, fol. . . . . 5 l. t.
Josephi opera, fol., gr. et lat. . . . . 7 l. t.
Philonis Judæi opera, fol., gr. et lat. Paris . . . 10 l. t.
Bibliothèque orientale, fol. . . . . 7 l. t.
Voyage de Chardin, fol. . . . . 5 l. t.
Jansenii Augustinus, fol. . . . . 7 l. t.
Histoire d'Angleterre, de Salmonet, fol. . . . . 5 l. t.
Œuvres de du Laurens, fol. . . . . 2 l. t.
Gesta Dei per francos, fol. . . . . 4 l. t.
Histoire d'Aubigné, fol. . . . . 3 l. t.
Strada en françois, fol., 2 vol. . . . . 3 l. t.
Histoire de du Haillant, fol., 2 vol. . . . . . 2 l. t.
Dupuys, droit du Roy, fol. . . . . 5 l. t.
Histoire de l'Église de Godeau, fol. 2 vol. . . . 12 l. t.
Œuvres de M. d'Andilly, fol. 8 vol. . . . . . . 50 l. t.
Lotichii rerum germanicarum, fol. . . . . . . 5 l. t.
Journal de St-Amour, fol. . . . . 8 l. t.
Columna Trajana, fol. . . . . 15 l. t.
Tables de chronologie, non reliées, fol. . . . . 10 l. t.
Soixante et dix volumes de gazette, 4° . . . . . 70 l. t.

L'Affrique de Marmol, 4º, 3 vol. . . . .   6 l. t.
Voyage de Moscovie, 4º, 2 vol. . . . .   5 l. t.
Voyages de Tavernier, 4º, 2 vol. . . . .   8 l. t.
3 vol. de voyages, dont Voyages de Pologne, 4º .   4 l. t.
Lucien, 4º, 2 vol. . . . .   **4 l. t.**
Ignatii Usseri Epistolæ, 4º. . . . . . · . . .   6 l. t.
Apologie des religieuses de Port-Royal, 4º. . . .   5 l. t.
Origenes contra Celsum, 4º . . . .   5 l. t.
Acta Martyrum, 4º . . . ❦ . . . .   4 l. t.
Œuvres de Sᵗ Cyprien, 4º. · . . . .   4 l. t.
Vérité de la religion par Le Vassor, 4º . . . . .   2 l. t.
19 vol. des histoires de Varillas, 4º . . . . . .   38 l. t.
5 vol., in-4º, dont Pline . . . .   5 l. t.
Biblia sacra de Vitré . . . .   4 d.
 2 vol. de Jansenius in testam., 4º . . . .   5 l. t.
Concordantia Bibliorum, 4º . . . .   5 l. t.
Dictionnaire allemand de Duez, 4º, 2 vol. . . . .   6 l. t.
6 vol., 4º, dont Voiture. . . . .   8 l. t.
9 vol. de M. de Tillemant, 4º . . . .   40 l. t.
Perpétuité de la foy, 4º, 3 vol. . . . .   15 l. t.
Renversement de la morale, 4º. . . . .   2 l. t.
Apologie des pères, 4º . . . .   5 l. t.
Philosophie de Regis, 4º, 3 vol. . . . .   12 l. t.
Physique de Rohant, 4º . . . .   5 l. t.
Dom Barthélemy, des martyrs, 4º. . . . . . .   4 l. t.
Juliani opera, 4º . . . .   4 l. t.
Histoire des Indes occidentales d'Herrera, 4º, 4 vol.   10 l. t.
Julii Pollucis onomasticum, 4º, gr. et lat. . . . .   5 l. t.
Histoire de l'Église, de Lesueur, 4º, 7 vol. . . .   21 l. t.
Antiquæ urbis splendor, 4º . . . .   5 l. t.
Mercurio di Siri, 4º, 26 vol. . . . . 100 l. t.
Œuvres de Sᵗ Evremont, 4º, 2 vol. . . . . . .   6 l. t.
Silvii medicina, 4º . . . .   4 l. t.
Grotius, du droit de la guerre, 4º, 2 vol. . . . .   5 l. t.
Histoire des Variations, 4º, 2 vol. . . . . . .   5 l. t.
La Quintinie, sur les jardins, 4º, 2 vol. . . . .   5 l. t.
4 vol. 4º, dont Vie de Sᵗ Ignace . . . .   10 l. t.
Histoire de l'Empire par Heiss, 4º, 2 vol. . . . .   5 l. t.
5 vol. 4º, dont Poëtique d'Aristote. . . . . . .   4 l. t.
Devoirs de la vie monastique, 4º, 2 vol. . . . .   5 l. t.
Vie des peintres et architectes, 4º, 3 vol. . . . .   8 l. t.
Historia Lithuaniæ, 4º . . . .   3 l. t.

7 vol. 4º, dont Descartes . . . . 10 l. t.

Discours sur l'histoire universelle, 4º . . . . . 4 l. t.

4 vol. in-4º, dont Rhétorique d'Aristote. . . . . 4 l. t.

3 vol. 4º, dont Museum italicum . . . . . . 4 l. t.

4 vol. 4º, dont la Vie de Sᵗ François Xavier . . . 5 l. t.

2 vol. 4º, dont Historia regum Syriæ. . . . . . 6 l. t.

4 vol. 4º, dont Histoire du concile de Trente. . . 2 l. t.

10 vol. 4º dont Clovis. . . . . 2 l. t.

9 vol. 4º, de Muruij . . . . 9 l. t.

10 vol. 4º, dont grands chemins de l'Empire . . . 10 l. t.

7 vol. 4º, dont l'Histoire de Sᵗ Louis . . . . . 4 l. t.

6 vol. 4º, dont l'Histoire d'Aubusson. . . . . . 10 l. t.

8 vol. 4º, dont plusieurs pièces sur la regale. . . 5 l. t.

6 vol. 4º, dont du Puys, majorité des Rois . . . 4 l. t.

8 vol. 8º, dont Lactansius . . . . 7 l. t.

7 vol. 8º, dont Rotrou . . . . 2 l. t.

Astrée, 8º, 5 vol. . . . . 6 l. t.

Réformation de l'Église d'Angleterre, 4º, 2 vol. . 10 l. t.

4 vol. 4º, dont recueil de pièces sur le clergé . . 4 l. t.

3 vol. 4º, dont pseaumes de Choisy . . . . . . 4 l. t.

4 vol. 4º, dont Histoire du papisme . . . . . . 8 l. t.

9 vol. 4º, dont Élections de l'Empire . . . . . 3 l. t.

6 vol. 4º, dont Mauriceaux . . . . 6 l. t.

Plutarque de Vascosan, 8º, en 13 vol. . . . . . 70 l. t.

20 vol., dont Du Pin, in-8º . . . . 40 l. t.

4 vol. de Launoy, 8º . . . . 6 l. t.

4 vol. in-8º, dont Lettres de Sacy . . . . . . 6 l. t.

5 vol. 8º, dont Vie de Mad. de Bellefonds . . . 2 l. t.

Pacquet de plusieurs pièces différentes. . . . . 2 l. t.

27 vol. in-8º, du Mercure français. . . . . . 14 l. t.

13 vol. in-8º, du Mercure hollandais . . . . . 8 l. t.

Mezeray, 8º, en 8 vol. . . . . 10 l. t.

Œuvres de Mallet, 8º en 8 vol. . . . . 10 l. t.

7 vol. in-8º, dont Mercure Jésuite. . . . . . . 2 l. t.

10 vol. 8º, dont Biblia sacra. . . . . 12 l. t.

11 vol. 8º, dont liber Psalmorum . . . . . . 3 l. t.

10 vol. 8º, dont Vie de Cassiodore. . . . . . 4 l. t.

Abrégé de Gassendi, 12º, six vol. . . . . . . 3 l. t.

6 vol. 8º, dont Petavius rationolum . . . . . 5 l. t.

11 vol. 12º, dont Prières chrestiennes . . . . . 5 l. t.

12 vol. 12º, dont Mars Gallicus . . . . 5 l. t.

10 vol. 8º et 12º, dont géographie de Sanson . . 12 l. t.

11 vol. 12º, dont Commentaires de César . . . . 6 l. t.
10 vol. in-12, dont Traitté de Nimègue . . . . . 8 l. t.
10 vol. in-12, dont Exameron rustique . . . . . 10 l. t.
15 vol. in-12, dont avantures de boucaniers . . . 4 l. t.
Biblia sacra, in-8, 8 vol. de Vitré . . . . 10 l. t.
Biblia Vatabli, 8º, 2 vol. . . . . 7 l. t.
8 vol. 12º, dont Vérité de la Religion. . . . . . 10 l. t.
16 vol. 12º, dont novum Testamentum du Louvre . 6 l. t.
8 vol. 8º, dont Histoire de Venise. . . . . . . 4 l. t.
12 vol. 8º et 12º, dont nouveau Testament de Bou-
  hours . . . . 8 l. t.
7 vol. 8º, dont Fernelle . . . . 5 l. t.
8 vol. 8º, dont Paix de Ryswick . . . . 5 l. t.
12 vol. 12º, dont Lettres de Cicéron à Atticus . . 4 l. t.
7 vol. 8º, dont Rerum Anglicarum. . . . . . . 1 l. t. 1 d.
9 vol. 8º, dont Lettres de Philarque . . . . . 10 l. t.
15 vol. 8º et 12º, dont dialogues sur le quiétisme . 2 l. t.
48 vol. in-8º, dont Histoire du siècle courant. . . 1 l. t.
Horace, de Dacier, 12º, 8 vol. . . . . 10 l. t.
12 vol. 12º, dont Térence, de Dacier . . . . . . 9 l. t.
11 vol. 12º, dont Rapini poemata . . . . 2 l. t.
16 vol. 12º, dont mémoires de Larochefoucault . . 6 l. t.
19 vol. 8º et 12º, dont nouveau Testament de Mons. 15 l. t.
12 vol. 8º, dont Tacite d'Ablancourt . . . . . . 3 l. t.
12 vol. 12º. dont Voyages de Siam . . . . . . 4 l. t.
11 vol. 12º, dont Santolii opera. . . . . 5 l. t.
Comédies de Molière, 12º. . . . . 7 l. t.
11 vol. de Corneille, 8º et 12º. . . . . 3 l. t.
Jugement des scavants, 8º, 11 vol. . . . . . . 8 l. t.
11 vol. 8º et 12º, dont négociations de Suède. . . 3 l. t.
16 vol. 8º et 16º, dont le Roman comique . . . . 2 l. t.
17 vol. 12º, dont Cérémonies funèbres . . . . . 2 l. t.
14 vol 8º et 12º. dont Breviarium romanum . . . 10 l. t.
15 vol. 12º, dont lettres de M. Arnaud . . . . . 15 l. t.
Morale pratique. 12º. 8 vol. . . . . 10 l. t.
8 vol. 8º, dont Sermons de St Augustin . . . . . 15 l. t.
11 vol. 12º, dont Apologie pour les lettres provin-
  ciales . . . . 12 l. t.
10 vol. 8º. dont siècle de fer. . . . . 3 l. t.
13 vol. 12º, dont Vie du pape Sixte V. . . . . . 4 l. t.
10 vol. 12º. dont Poésies choisies. . . . . . . 3 l. t.
11 vol. 4º. 8º, et 16º. dont Erizzo sopra medaglie. 4 l. t.

3 vol. 8º, dont Patru . . . . 4 l. t.
8 vol. 12º, dont Pentateuque. . . . . 5 l. i.
15 vol. 12º, dont Mercure galant . . . . 1 l. t.
21 vol. de diverses grandeurs dont Élémens d'Euclide 1 l. t.
42 vol. 12º, dont Athènes ancienne et nouvelle . . 3 l. t.
23 vol. de diverses grandeurs, dont Indice de la
　　Bible. 1 l. t.
Platonis Serrani opera, gr. et lat., 3 vol., fol. . . 3 l. t.
Demosthenis opera, folº gr. et lat. . . . . 3 l. t.
Hérodote, gr. et lat., fol. . . . . 3 l. t.
Thucydides, fol., gr. et lat. . . . . 3 l. t.
Hippocrates, fol., gr. et lat. . . . . 3 l. t.
Scaligeri et Vidorii poetices Aristotelis, fº. . . . 4 d.
Appianus Alexandrinus, folº, gr. et lat. Paris . . 5 l. t.
Dio Cassius Henrici Stephani, folº, g. et lat., 2 vol. 7 l. t.
Philostratus, gr. et l. fol. . . . . 10 l. t.
Pausanias, gr. et l., fol. . . . . . · . . . . . 8 l. t.
Arianus, 2 vol., gr. et l. . . . . 4 l. t.
Actianus, gr. et l., fol. . . . . 5 l. t.
Diodorus Siculus, fol., gr. et lat. . . . . 20 l. t.
Athæneus Casauboni, gr. et lat., fol. . . . . . . 5 l. t.
Isocrates, gr. et lat., fol. . . . . 3 l. t.
Brodei epigrammata, gr. et lat., fol. . . . . . . 2 l. t.
Thesaurus linguæ grecæ Henr. Steph., fol., 5 vol. 25 l. t.
Lucianus, fol., gr. et lat. . . . . 9 l. t.
Cartes marines de Hollande, fol. . . . . 7 l. t.
Un vol. de cartes de Samson, fol. . . . . 20 l. t.
Description de la Grèce, fol. . . . . 8 l. t.
Victorius in pœticam Aristotelis, fol. . . . . . . 1 l. t.
Cicero Roberti steph., fol., 2 vol. . . . . 18 l. t.
Idem Abrami, fol., 2 vol. . . . . 5 l. t.
Dictionnaire de Furetière, 3 vol., fol., Hollande. . 36 l. t.
Dictionarium, lat. gall. Henr. Step., fol. . . . . 3 l. t.
Juvenalis Bredensi, fol. . . . . 3 l. t.
Glossarium de du Cange, fol., 3 vol. . . . . . . 50 l. t.
Suidas, fol., 2 vol., gr. et lat. . . . . 12 l. t.
Stephanus, de Urbibus, fol. . . . . 8 l. t.
Plato, Marcilii ficini, lat., fol. . . . . 1 l. t.
Aristophanes, fol., gr. et lat., Genevæ . . . . . 4 l. t.
Platonis opera, gr., fol, Basilea . . . . 3 l. t.
Diogenes Laertius, gr. et lat. . . . . 3 l. t.
Dyonisius halicarnasseus, fol., gr. lat. . . . . . 20 l. t.

Polybius, fol., gr. lat. . . . . 12 l. t.
Eschylus, fol., gr. lat. . . . . 8 l. t.
Eustachius in Homerum, fol., Romae, 24 vol. . 24 l. t.
Virgilii opera, fol. . . . . 2 l. t.
Horatius Lambini, fol. . . . . 2 l. t.
Vetus testamentum grecum, Romæ, fol. . . . . 12 l. t.
Biblia, fol., Vitré. . . . . 24 l. t.
Catullus passerati, fol. . . . . 3 l. t.
Strabonis geographia, fol., gr. lat. . . . . . 12 l. t.
Xenophontis opera, fol., gr. lat. . . . . 10 l. t.
Plutarchi opera, fol., gr. l., 2 vol. . . . . . . 20 l. t.
Aristotelis opera, fol., gr. l., 2 vol. . . . . . . 4 l. t.
Titus Livius, fol. . . . . 3 l. t.
Historiæ augustæ scriptores, fol. . . . . . . 3 l. t.
Suetonius Casauboni, fol. . . . . 3 l. t.
Novum testamentum grecum, du Louvre, fol. . 4 l. t.
Bicij numismatica, fol. . . . . 3 l. t.
Mariana, Historia de España, fol., 2 vol. . . . . 8 l. t.
Plutarchi opera greca, 2 vol., fol. . . . . . . 2 l. t.
Columella, de re rustica, fol. . . . . 1 l. t.
Calepinus, fol. . . . . 5 l. t.
Polybe en françois, fol. . . . . 2 l. t.
Appian en françois, fol. . . . . 1 l. t.
Homerus, in-4º, 2 vol. de Hollande . . . . . . 10 l. t.
Item, Cantabrigiæ, 4º . . . . 4 l. t.
Sophocles, 4º. . . . . 4 l. t.
Theocritus, 4º, Commelin. . . . . 7 l. t.
Lexicon, gr. lat., 4º . . . . 1 l. t.
Cartes de Sanson, 4º . . . . 6 l. t.
Euripides, gr. lat., 2 vol. 4º . . . . 8 l. t.
Ambassades de Vicquefort, 4º, 2 vol. . . . . . 7 l. t.
Tables de chronologie, fol. . . . . 10 l. t.
Six Volumes 4º, dont Machiavelli, cotté A . . . 7 l. t.
Vingt volumes 4º et 8º, dont Meursius, cotté B. . 18 l. t.
Trois vol. 4º variorum, dont Festus . . . . . . 3 l. t.
Quintilianus, 4º. . . . . 15 l. t.
Abadie 8º, Vérité de la Religion . . . . 4 l. t.
Huit vol. 4º, dont Hesiodus, cotté C . . . . . . 9 l. t.
Huit vol. 4º, 8º, 12º, dont fragmenta Psalmorum, cotté D}
Dix vol. 8º, Variorum de Hollande, cotté E . . } 15 l. t.
Historia Veneta de Nani, 2 vol. 4º. . . . . . . 3 l. t.
Huit vol. 4º, dont Polidorus, cotté F . . . . . . 12 l. t.

Huit vol. 8º, dont Ciceronis Epistolæ, cotté G. . . 12 l. t.
Six vol. 8º, dont Opuscula Græca, cotté H. . . 3 l. t.
Cinq vol. in-12, dont novum testamentum de Mons,
 coté I. . . . . 12 l. t.
Six volumes dont poèmes épiques, coté K. . . . 5 l. t.
Quatre vol. 16º, dont nov. test. grec. coté L. . . 6 l. t.
Ciceronis opera d'Elzevier, en 10 vol., 12º. . . . 40 l. t.
Titus Livius, 3 vol. 12º d'Elzevier . . . . . . 6 l. t.
Sept vol. 12º, Elzevier, coté M. . . . . 12 l. t.
11 vol. 12º dont Tacitus, cotté N. . . . . . . 12 l. t.
11 vol. 8º dont Homerus, cotté O. . . . . . . 8 l. t.
Douze volumes 16, dont Aristophanes, cotté P. . 8 l. t.
Vingt vol. 16 et 24, dont Titus Livius, cotté R. . 4 l. t.
Cinq volumes 8º et 12º, dont Philippe de Comines,
 coté R. . . . . 8 l. t.
Trois vol. 8º, dont Don Quichotte, cotté S. . . . 4 l. t.
Six volumes, dont pratique du Théâtre, cotté T. . 7 l. t.
Douze volumes 12º et 24º, dont Poliænus, cotté V. 4 l. t.
Dix vol. 12º, italiens et espagnols, dont opere de
 Testi, coté X. . . . . 1 l. t.
Trois vol. 12º, dont Marot, cotté Y . . . . . . 6 l. t.
Deux vol., dont pseaumes de Vatable, 8º, cottez Z. 3 l. t.
Plutarque de Vascosan, fol., 3 vol. . . . . . . 14 l. t.
Goltzius, fol., 7 vol. . . . . 40 l. t.
Occo, numismata, fol. . . . . 12 l. t.
Bible de Sacy, 25 vol. 8º . . . . 50 l. t.
Traitté de piété de M. Hamon, 8º et 12º, 4 vol. . 6 l. t.
Bréviaire de M. le Tourneux, 8º, 4 vol. . . . . 24 l. t.
Homélies de St-Jean Chrisostome, 8º, 6 vol. . . 10 l. t.
Vies des pères du désert, 8º, 3 vol. . . . . . . 9 l. t.
Joseph, 12º, 5 vol. . . . . 6 l. t.
Fréquente communion, 8º }
Tradition de l'Eglise, 8º } . . . . 5 l. t.
Constitution de Port Royal . . . . 2 l. t.
Essai de morale, 12º. . . . . 2 l. t.
Nouveau Testament, 8º du père Quesnel, 1 v. . . 14 l. t.
Année Chrétienne, 12º, 12 vol. . . . . 20 l. t.
Cinq vol. 12º, dont Nouveau Testament de Mons. 5 l. t.
Rituel d'Alet, in-4. . . . . 5 l. t.

Le présent estat et mémoire de livres a esté fait estimé et
arresté par nous. Jacques Villery, et Charles Osmont, mar-

chands libraires à Paris, convenus pour la dame veuve du
dit sieur Racine, M. son fils aisné et M. son gendre, ès-noms,
qu'ils procèdent. Fait en leur présence, à Paris, ce 14 mai 1699.

JEAN VILLERY.   C. OSMONT.

RACINE.   CATHERINE DE ROMANET.

Paraphé ce jourd'hui, vingtiesme may 1699, suivant l'inventaire des biens du dit sieur Racine, commancé le 14e mai
dernier.

CATHERINE DE ROMANET.   RACINE.

MORAMBER DE RIBERPÉ.

MOUFFLE.   CAILLET.

Bien des livres annotés, des tragiques grecs entr'autres, ont été donnés à
la Bibliothèque du Roi par Louis Racine, et d'autres à celle de Toulouse
par Lefranc de Pompignan.

Jean-Baptiste Racine, le fils aîné du poète, après avoir débuté dans les
ambassades s'attacha, dit-on, si fort à sa bibliothèque qu'il ne cessa d'y
vivre et d'y travailler, mais sans rien faire paraître, annotant certains livres,
comme son *Horace*, qui fait aujourd'hui partie de la réserve, rue de Richelieu. Il fut d'une extrême sévérité pour l'auteur des *Poèmes de la Religion et
de la Grâce*.

Louis Racine eut aussi une collection de livres qu'il vendit, après la mort
de son fils, pour ne garder que les ouvrages de théologie. Malgré toutes les
recherches, M. de Naurois, à l'obligeance de qui nous devons cette note, n'a
encore trouvé que deux livres annotés par Jean Racine, et un autre, ayant
sans doute été acheté par Louis Racine, à la mort de la princesse Palatine,
dont il porte les armes. Sur le feuillet de garde, Louis a écrit une réflexion.

LIVRES DE RACINE CONSERVÉS A LA BIBLIOTHÈQUE DE TOULOUSE.

Les *Tragédies d'Eschyle*. Texte grec, trad. lat. Londres, 1663. J. Flescher. —
Annotations de la main de Racine. Signature.

Euripide : Tragédies. Texte grec, trad. lat. Genève, Paul Estienne, 1602. —
Annotations de la main de Racine. Signature.

Sophocle : Tragédies. Texte grec, trad. lat. P. Estienne, 1603. — Annotations et signature.

Platonis opera. Texte grec, trad. lat. 3 vol. 1578, Hart. Estienne. — Signature de Racine sur le titre. Annotations au tome II.

La Pratique du théâtre (de l'abbé d'Aubignac). Paris, Ant. Sommaville, 1657. — Signature de Racine.

Fragmenta poetarum veterum latinorum. H. Estienne, 1564. — Signature.

Mar. Tub. Ciceronis Epistolarum ad familiares. Amsterd., J. Blaeu, 1649. — Nombreuses annotations. La signature ne se retrouve pas.

Le Nouveau Testament. Mons, Gasp. Migeant, 1667, 3 vol. — Signature sur le titre.

Esther : Tragédie. Paris, D. Thierry, 1689. — Annotations attribuées à Racine par Desb. Bernard, not. cat. Techener. Pas de signature. Attribution douteuse.

Traité du Sublime de Longin. Paris, Esclassan, 1694. — Attribution douteuse, pas de signature.

On retrouve, dans les fonds non catalogués, un certain nombre d'ouvrages portant la mention suivante : *Provenant de la vente de M. Racine fils,* ou simplement *Vente de M. Racine;* dès lors, tant que la révision des catalogues anciens de la Bibliothèque de Toulouse sera en cours d'exécution, il ne sera pas certain qu'on ait retrouvé tous les ouvrages ayant appartenu à Racine.

Livres de Racine conservés a la Bibliothèque Nationale.

En ce qui touche les livres imprimés de la bibliothèque de Racine que possède la Bibliothèque Nationale, voir l'édition de M. Paul Mesnard, t. VII, p. 371 et suivantes. Il faut y ajouter un volume renfermant la *République et les Lois de Platon* (Venise, 1513).

On peut encore signaler *Dion Cassius* (Paris, H. Estienne, 1592, in-fol.), lequel était dans la Bibliothèque de M. Jules Desnoyers, membre de l'Institut. On ignore ce qu'il est devenu depuis la vente qui en a été faite au mois d'avril 1889. (Communication de M. Léopold Delisle.)

Livres de Racine conservés a la Bibliothèque de Chantilly.

Aeschylus. — Αισχύλου Προμηθεύς (et aliæ tragediæ). *Parisiis, ex officina Adriani Turnebi. typographi Regii.* M.D.LII. 1 vol. in-8. mar. rouge, fil., tr. dor. (reliure de Derome-Bradel).

Les marges du Prométhée et des sept chefs devant Thèbes sont entièrement couvertes de notes autographes de la main de Racine, en grec.

Exemplaire de Nodier, acquis par Mgr le duc d'Aumale à la vente Longuemare (1853).

PLINIUS. — C. Plinii Cæcilii secundi Epistolae et Panegyricus, editio nova Mar. Zuerius Boxhornius recensuit et passim emendavit. *Lugd. Bat. apud J. et D. Elzevir, 1653.*

Pet. in-12, vélin, renfermé dans un étui de mar. brun, par Thouvenin.

Cet exemplaire porte à la fin la signature de J. Racine, et sur les marges de nombreuses notes de sa main. Le nom de Le Maistre, qui se trouve sur le titre, semble indiquer que Racine tenait ce volume d'un des deux solitaires de Port-Royal de ce nom, Ant. Le Maistre ou Le Maistre de Sacy.

(Cat. Cigongne, n° 2267).

Il a été parlé dans l'*Intermédiaire des chercheurs et des curieux*, t. III. 550-632 de la Bibliothèque de Racine et t. VII. 525-608 des logis de Racine à Paris. M. Mesnard s'est, naturellement, fort occupé aussi de cette dernière question.

VENTE D'UN OFFICE DE SECRÉTAIRE DU ROI

Par dame Catherine de Romanet, veuve de M. Racine, au sieur
Gilles Lespagneul. (1)

5 JUIN 1699

Furent présents, dame Catherine de Romanet, veuve du
sieur Jean Racine, escuier, conseiller secrétaire du Roy,
maison, Couronne de France et de ses finances, gentilhomme ordinaire de la chambre du Roy, demeurant à Paris,
rue des Marais, paroisse Saint-Sulpice, tant en son nom que
comme tutrice des enfants mineurs du dit deffunt et d'elle,
et en conséquence de l'avis de leurs parens, homologué au
Chastelet le 11 may dernier, expédié par Pierre Lainé, greffier ; et Pierre Collin de Moramber, seigneur de Riberpré,
avocat au Parlement, demeurant à Paris, rue des Noyers,
paroisse S\-Severin, au nom et comme tuteur de dame Marie-
Catherine Racine, son épouse, à l'effet du présent contrat,
esleu par le mesme avis de parents ; les dits mineurs et la
dite de Riberpré, seuls enfants et héritiers du dit feu sieur
Racine, lesquels ont vendu à Gilles Lespagneul, sieur de la
Plante, et acceptant pour luy, René Mauriceau, escuyer,
demeurant à Paris, rue Bethisy, paroisse S\-Jermain-l'Auxer-
rois, d'autre part,

L'office de conseiller secrétaire du Roy, maison, Couronne de France et de ses finances, dont le dit feu sieur
Racine estoit pourveu lors de son déceds, par lettres du 19
février 1696, et y avoit esté receu le même jour et était un de
ceux créés par édit du mois de février 1694, dont le dit sieur
Racine avait payé la finance ès mains du sieur Bertin, trésorier des parties casuelles par quittance du 2 septembre 1695,
de la somme de 55.000 livres, controllée le 18 février ensuivant, et pour laquelle le dit sieur Racine avait encore payé,
en exécution de l'édit du mois de décembre 1697, comme
l'un des réservés, la somme de 12.866 l. 13 s. 4 d., par quittance du dit sieur Bertin du 14 février 1698, controlée le 1er

---

(1) Gilles Lespagneul de la Plante, secrétaire du Roi, successeur de Racine
dans cette charge. L'information de bonne vie et mœurs, aux Archives Nationales porte la cote V² 37.

mars, et pour la conservation du dit office, le dit sieur
Racine avait obtenu des lettres de survivance enregistrées le
4 février 1696, toutes les d. pièces inventoriées sous la cotte
4 de l'inventaire fait après le décès du dit sieur Racine et
déllivrées au dit sieur Mauriceau, à l'exception des lettres de
provision dont il ne lui a esté déllivré que copie collationnée;
plus, a esté déllivré aud. sieur Moriceau la quittance du
sieur Soulty, pour le marc d'or du dit feu sieur Racine, et
l'acte de nomination qui a esté fait au sieur Lespagneul,
pour estre pourveu du dit office.

Pour, par le dit sieur Lespagneul, en vertu des dites pièces
et ce, par ses frais et diligences, se faire pourvoir au dit
office incessamment, et au plus tard dans quinze jours pro-
chains. Et encore qu'au sceau de ses lettres et provisions, il
y ait quelqu'opposition procédant du fait des dits vendeurs
et du feu sieur Racine, iceux vendeurs s'obligent à les faire
lever et cesser aussi tost qu'elles leur auront esté esnoncées
au domicile ci-après et faire jouir le dit sieur Lespagneul, du
jour de sa réception, des gages, revenus et droits attribués au
dit office énoncés aux deux quittances de finances qui ont été
ci-dessus déllivrées au dit sieur Mauriceau pour luy, se
réservant les dits vendeurs ce qui en pourra estre deub du
passé jusqu'au dit jour.

Cette vente faite moyennant la somme de soixante dix
mil cinq cents livres, sur la quelle le dit sieur Mauriceau s'en-
gage en son nom à payer à la dite dame Racine, ainsi que le
dit sieur de Riberpré, au dit nom, y consent, quarante neuf
mil cinq cents livres, aussitost le sceau, sans opposition, mis
aux lettres et provisions du dit sieur Lespagneul.

Et pour les trente mil livres, faisant le surplus du dit prix,
le dit sieur Mauriceau, au d. nom, et encore en son nom, solidairement, en a constitué à la dite dame Racine quinze cents
livres de rente annuelle qu'il s'oblige de payer de six en six
mois, à compter de ce jour d'huy jusqu'au rachapt qu'il
pourra faire en un ou deux payemens esgaux, en baillant à
la dame Racine seule la somme de trente mil livres avec les
arrérages qui en seront lors deubs, frais et loyaux cousts; se
réservant les d. vendeurs pour plus de seureté du présent
contrat, leur privilège sur le dit office, pour conservation du
quel sera obtenu des lettres de survivance par le dit sieur
Lespagneul et fourny coppies collationnées d'icelles à la dame
Racine, un mois après sa réception.

Sera la dite dame Racine avertie de chacun rachapt un mois auparavant, par condition de la présente vente ; et après que les dites quarante neuf mil cinq cents livres auront esté payées et que le dit sieur Lespagneul aura rattifié le présent contrat, le sieur Mauriceau demeurera deschargé de l'obligation par luy faite cy dessus en son nom, et il ne sera plus obligé aux dites quinze cents livres de rente, que le dit sieur Lespagneul constitue sur ses biens et par privilège sur le dit office, et qui sera représenté par une obligation, et sera déllivré à la dite dame Racine la grosse du présent contrat aux frais du sieur Lespagneul. Plus, a esté dellivré au dit sieur Mauriceau, copie de l'avis des parens en vertu du **quel** le présent contract a esté passé.

Et pour l'exécution des présentes, les partyes ont **esleu** leur domicile, scavoir les dits vendeurs en la maison où la dite dame veuve Racine demeure, sus déclarée, et le sieur Mauriceau en la maison où il demeure aussy, sus déclarée.

Fait et passé à Paris, en la maison de la dite dame Racine, sus déclarée, le 5 juin après midy, l'an mil six cent quatre-vingt-dix-neuf et ont signé :

CATHERINE DE ROMANET.   MORICEAU.

COLLIN DE MORAMBER DE RIBERPRÉ.

DIONIS.   CAILLET

Le dit sieur Lespagneul après avoir leu le contract cy-dessus, l'a ratifié, et ce faisant, s'oblige à l'exécuter en la mesme manière que s'il l'avait juré, approuvant l'élection de domicile portée par icelui. Ce fait en la présence de la dite dame Racine, laquelle ès-noms confesse avoir reçu du dit sieur Lespagneul qui luy a compté et délivré, en louis d'or et d'argent ayant cours, la somme de 49.500 livres qui estaient payables après le sceau des provisions, sans opposition, du sieur Lespagneul, sur le prix du dit office du secrétaire du Roy, dont il a esté pourveu par lettres du 17 du présent mois, et en a payé la survivance le 19, entre les mains du sieur Milieu, trésorier des revenus casuels, dont la dite dame est contente et en quitte le dit sieur Lespagneul, sans préjudice des quinze cent livres de rente restant du prix. Et au moyen de la dite ratification et du présent payement, le dit sieur Mauriceau demeure deschargé de l'obligation par luy faite par le dit contrat de vente.

Fait et passé à Paris, en l'étude de M⁰ Caillet, l'un des notaires soussignés le 25 juin 1699 et ont signé :

CATHERINE DE ROMANET.   LESPAGNEUL DE LA PLANTE.

DIONIS.   CAILLET.

Le 15 mai 1700 et le 14 juillet 1706 ,Madame Racine déclare avoir reçu du sieur Lespagneul, par les mains du sieur Mauriceau, 15.000 livres chaque fois pour le rachat des 1.500 livres de rente, plus les arrérages, tant en billets de monnaie qu'en argent comptant.

POUVOIR DU 10 JUIN 1699

Jean Baptiste Racine à Madame sa mère.

Jean-Baptiste Racine, escuier, gentilhomme ordinaire de la chambre du Roy, demeurant à Paris, rue des Marais, paroisse St-Sulpice, donne pouvoir à dame Catherine de Romanet, veuve de feu Jean Racine, escuyer, secrétaire du Roy, ses père et mère, de recevoir de M. le garde du threzor Royal ou de qui il appartiendra la somme qu'il plaira à Sa Majesté lui ordonner pour le voyage qu'il doit faire à la Haye, et toutes autres sommes qui luy pourront estre ordonnées, en donner reçus et quittances, etc.

Fait et passé à Paris, en l'étude de Caillet, l'un des notaires soussignés, le 10 juin 1699.

RACINE.

MOUFFLE.   CAILLET.

VENTE D'UN OFFICE DE THREZORIER DE FRANCE

LE 16 JUILLET 1699

Au sieur Vidal de Bort (1).

Fut présente dame Catherine de Romanet, veuve de Jean Racine, escuier, conseiller secrétaire du Roy, maison, Couronne de France et de ses finances, gentilhomme ordinaire de la chambre du Roy, demeurant à Paris, rue des Marais, paroisse St-Sulpice, tant en son nom que comme tutrice des enfants mineurs du dit deffunt et d'elle, et en conséquence de l'avis des parens, homologué au Châtelet, le 11 mai dernier, expédié par Trumier l'ainé, greffier, et Pierre Collin de Moramber, sieur de Riberpré, avocat au Parlement, demeurant à Paris, rue des Noyers, paroisse St-Severin, au nom et comme tuteur de dame Marie-Catherine Racine, son épouse, à l'effet du présent contrat, esleu par le mesme avis de parens, les d. mineurs et la dame de Riberpré seuls enfants et héritiers du dit feu sieur Racine, et encore en conséquence d'un autre avis de parens, homologué au Châtelet de Paris, le 15 du présent mois, expédié par Tauxier, le jeune, greffier, dont l'expédition est demeurée annexée à ces présentes. Lesquels, ès-noms, ont vendu à Pierre Vidal, sieur de Bort, demeurant à la Grange-Perrault, paroisse de St-Bonnet de Moulins, estant de présent à Paris, logé rue des Rats, à l'hôtel de Toulouse, paroisse St-Étienne du Mont, à ce présent acceptant, l'office de conseiller du Roi, trésorier de France et général de ses finances de Moulins et Bour-

---

(1) Racine parle en 1698 d'un Bort, homme de mérite, qui venait de mourir et qui était secrétaire de l'ambassadeur Bonrepos, auprès duquel son fils, J. Racine, était alors en Hollande.

On trouve aussi à cette époque deux Vidal : le premier Jacques Vidal, avocat aux conseils du Roi, décéda le 10 août 1734, rue St André des Arts. L'autre, Charles-Henri Vidal, était receveur général des aides à Versailles. Sa veuve, Jeanne Joquet, mourut le 28 février 1757, aussi rue St André des Arts.

bonnais, dont le dit feu sieur Racine estoit pourveu par lettres du 20 septembre 1674, et y a esté receu le 27 septembre ensuivant, aux gages, droits y attribuez, mesme ceux qui y ont esté joints pour la réunion faite au dit bureau de l'office de premier président, de celui des connaissances et appels, et de l'office de garde scel au dit bureau, sans par les d. dame et sieur vendeur en rien retenir ny réserver, ainsy que les gages anciens du dit office et ceux qui y ont esté joints par les réunions d'offices au dit bureau, et sont employez en l'estat du Roy en la généralité de Moulins, pour en jouir par le dit sieur de Bort, comme de chose lui appartenant, à commencer la jouissance de ce jourd'huy ; du quel jour, jusqu'à celuy de la réception, du dit sieur de Bort, la dite dame Racine lui fera raison de ses gages encore qu'elle obtienne des lettres de gages intermédiaires et qu'ils luy soient payez. Cette vente faite moyennant la somme de vingt-deux mil livres, que la dite dame Racine, du consentement du sieur de Riberpré, confesse avoir reçu du sieur de Bort, qui lui a compté et dellivré, par un des notaires soussignés, en louis d'or et d'argent, ayant cours, dont elle est contente. Et ont la dite dame Racine et le sieur de Riberpré présentement dellivré au sieur de Bort les lettres de provisions du feu sieur Racine, du dit office, sous le contre scel des quelles est la quittance de la finance par luy payée entre les mains de Mr Dumetz, trésorier des parties casuelles, le 6 septembre 1674, controlée le 11 du mesme mois, signé Colbert et celle du marc d'or, plus, une quittance signée Lefouin, trésorier des revenus casuels, du 18 juillet 1685, controllée au d^{os}, le 28 aoust au dit an, signé Lepelletier, pour jouir du bénéfice de la déclaration du 20 avril 1685, copie d'une quittance de 48.000 livres, payée par le bureau des finances de Moulins, pour la finance de l'office de premier président au dit bureau du 18 avril 1692, l'expédition d'un acte reçu par Mr Caillet, notaire, le 31 mars 1692, par le quel il décharge le sieur Racine de l'emprunt fait par le di. bureau des finances du dit sieur d'Escoully, plus la quittance du droit annuel, payé pour la conservation du dit office pour la première année en date du 30 décembre 1698, signé Boislabbi et Lanougoret, controlée le 30 décembre 1698, signée Guingueneau, plus une autre quittance signée Milieu, du 25 mai 1695, au nom du sieur Racine, de 1525 livres 9 s. 9 d. controlée le 4 juin au dit an, une autre signée Armand, du 9 du mois de juin pour les deux sols pour livre de la dite somme, un arrest du conseil d'Estat du 2 juin 1679, arresté sous le contre scel des lettres de provision ; et l'acte de nomination que les d. sieur et dame Racine et sieur de Riberpré ont fait au Roy et monseigneur le Chancelier de la personne du sieur de Bort, par luy en vertu des d. pièces de faire recevoir au dit office, et encore qu'en se servant de ses provisions, il luy ont déclaré que en cas d'oppositions pour deniers du fait des dits vendeurs ou du feu sieur Racine, iceux vendeurs s'obligent ès-noms et en leurs privés noms solidairement de les faire lever et cesser aussitost qu'elles leur auront esté desnoncées au domicile cy après esleu, à peine de tous despens, dommages et intérêts.

Entrera le dit sieur de Bort, pour et au lieu du dit feu sieur Racine, dans les dettes du bureau des finances de Moulins, et il en fera les soumissions qu'il conviendra.

Et pour l'exécution des présentes et dépendances, les dits dame Racine, et sieur de Riberpré ont esleu leur domicile en la maison de la dite dame Racine, le 16 juillet 1699, et ont signé :

CATHERINE DE ROMANET.   MORAMBER DE RIBERPRÉ.

VIDAL DE BORD.

BOUSSIER.   CAILLET.

TUTION & AVIS RACINE

L'an 1699, le 11 may, veu par nous, Jean Le Camus, les lettres du Roy en forme de bénéfice d'aage données à Paris le 9 des présens mois et an, signés par le Conseil : De La Granche, et scellées, impétrées et obtenues par Jean-Baptiste Racine, escuyer, gentilhomme ordinaire de la Chambre du Roy, aagé de vingt ans, fils de deffunt Jean Racine, escuyer, conseiller secrétaire du Roy, maison, Couronne de France & de ses finances, aussy gentilhomme ordinaire de la Chambre du Roy, et de dame Catherine de Romanet, à présent sa veuve, ses père et mère, l'entérinement desquelles il nous a requis à l'effet de quoy, ensemble sur la nomination d'un curateur à ses causes & actions, et sur l'élection d'un tuteur et subrogé tuteur à Eslizabeth, aagée de quinze ans, Françoise Jeanne Nicolle, aagée de treize ans, Magdeleine, aagée de unze ans, et Louis Racine, aagée de sept ans, le tout ou environ, aussy enfans mineurs dudit deffunt sieur Jean Racine et de ladite dame de Romanet, assavoir ladite dame veuve mère présente en personne, laquelle se rapporte à justice, Me Antoine Rivierre, conseiller du Roy, grenettier au grenier à sel de La Ferté-Milon, beau-frère, Jean-Baptiste de Romanet, escuyer, président trésorier de France en la généralité d'Amiens, oncle maternel, Mre Louis Elliet Dupin, prestre, docteur en théologie de la Faculté de Paris, et professeur en philosophie du collège royal de France, cousin paternel, Florent-Louis de La Granche, escuyer, conseiller et secrétaire du Roy, maison, Couronne de France & de ses finances, cousin paternel, Me Antoine Sconin, avocat en Parlement, cousin paternel, Mre Nicolas Hénin, conseiller au Grand Conseil, cousin maternel, Mre Eustache Hénin, conseiller au Parlement, cousin maternel, Mre Jacques Prévost, conseiller du Roy, maistre ordinaire en sa Chambre des Comptes, cousin maternel, et Claude Prévost, sieur de Barecourt, cousin maternel, tous par Me Claude Gacon, procureur en cette Cour, fondé de leurs procurations annexées à ces présentes, lequel après serment par luy fait nous a dit pour ses constituans, scavoir pour ledit Me Antoine Rivière qu'il eslit pour tutrice ausdits mineurs ladite dame Catherine de Romanet, leur mère, et pour subrogé-tuteur la personne de Me Claude-Pierre Collin de Moramber, seigneur de Riberpré, avocat au Parlement, leur beau-frère, pour ledit Jean-Baptiste de Romanet, qu'il est d'avis de l'entérinement des dites lettres, et eslit pour curateur aux causes et actions dudit impétrant la personne dudit Me Claude-Pierre Colin de Moramber, seigneur de Riberpré, avocat en Parlement, son beau-frère, et que ladite dame veuve mère soit esleue tutrice à ses autres enfans mineurs, et pour curateur ou subrogé tuteur la personne dudit sieur Riberpré, leur beau-frère à cause de dame Catherine Racine son espouze, et pour tous les autres ses constituans qu'ils sont d'avis que ladite dame veuve mère soit esleue pour tutrice desdits mineurs, et pour subrogé tuteur la personne de Me Claude-Pierre Colin de Moramber, sieur de Riberpré, avocat en Parlement, leur beau-frère, à cause de dame Catherine Racine, son espouze, lequel sieur de Moramber demeurera curateur aux causes et actions dudit Jean-Baptiste Racine, consentant l'entérinement des lettres de ladite émancipation, comme aussy eslizent pour tutrice audit émancipé ladite dame veuve mère, à l'effet de recevoir les remboursemens des rentes et autres fonds, et d'en donner quittance et descharge, et d'autant que ladite dame de Riberpré est encore mineure ; sont d'avis que le sieur de Riberpré son espoux luy soit esleu pour tuteur à l'effet de recevoir tous les remboursemens de rentes et autres fonds, et de consentir que les deniers restent entre les mains de ladite dame Racine, et de donner à cet effet les quittances et descharges nécessaires, comme pareillement que ladite dame Racine soit encore esleue tutrice de ses dits enfans mineurs, et dudit Jean-Baptiste Racine, et ledit de Riberpré à ladite dame son espouze, à l'effet de vendre les offices de conseiller et secrétaire du Roy et de trésorier de France à Moulins, dont ledit sieur Racine estoit pourveu, pour les prix et aux conditions qui seront convenus, qui ne pouront estre moindres, sçavoir à l'esgard dudit office de secrétaire du Roy, de la somme de soixante quinze mil livres, et dudit office de trésorier de France, de la somme de vingt-cinq mil livres, deslivrer les titres desdits offices, et un acte de nomination en bonne forme, recevoir ce qui sera payé comptant en passant les contrats ou à l'eschéance des termes qui seront convenus ou lors des rachapts des rentes qui auront esté constituées pour parties des prix, donner quittance et descharge, consentir subrogations, employer les deniers qui reviendront ausdits mineurs de tout ce qui sera receu, soit en rente sur la ville de Paris, sur le clergé, en augmentation de gages sur des communautés et compagnies, et sur des particuliers, lesquels employer ladite dame ne sera point garente, pourveu qu'ils soient faits en la présence dudit subrogé tuteur, comme aussy que ledit subrogé tuteur demeurera tuteur à tous lesdits enfans mineurs, à l'effet de régler et liquider les propres dudit feu sieur Racine, et ladite dame sa veuve leurs remploys et les effets de leur communauté, affin de connoistre ce qui revient de net au proffit de chacune des parties intéressées, tous lesquels employs et remploys cy dessus establis ne regarderont point ceux qui rembourseront ny les acquéreurs qui ne seront point obligés de les suivre pour descharge.

Sur quoy nous ordonnons que lesdites lettres sont entérinés selon leur forme et teneur, pour en jouir par ledit Jean-Baptiste Racine, impétrant de l'effet d'icelles à la charge qu'il ne pourra vendre ny engager aucuns de ses immeubles, tant que sa minorité durera, pendant laquelle est et demeurera pour curateur à ses causes et actions la personne dudit Me Claude-Pierre Colin de Moramber, sieur de Riberpré, comme aussy que ladite dame veuve Racine demeurera tutrice audit émancipé, à l'effet de recevoir le remboursement des rentes et autres fonds, et d'en donner quittance et descharge ; et outre qu'elle demeurera pareillement tutrice à ses autres enfans mineurs, et pour subrogé tuteur ledit sieur de Riberpré, et attendu que ladite dame Marie-Catherine Racine, espouze dudit sieur de Riberpré, est encore mineure, ordonnons que iceluy sieur de Riberpré luy demeurera tuteur à l'effet de recevoir tous remboursemens de rente et autres fonds, et de consentir que les deniers restent entre les mains de ladite dame Racine et de donner à cet effet les quittances et descharges nécessaires, laquelle dame Racine demeurera encore tutrice de sesdits enfans mineurs et dudit Jean-Baptiste Racine émancipé, et que ledit de Riberpré demeurera aussy tuteur à ladite dame son espouze, à l'effet de vendre lesdits offices de conseiller et secrétaire du Roy et de trésorier de France à Moulins, dont ledit sieur Racine estoit pourveu pour les prix et aux conditions qui seront convenus, qui ne pourront estre moindres, scavoir à l'esgard dudit office de secrétaire du Roy, de la somme de soixante et quinze mil livres, et dudit office de trésorier de France, de la somme de vingt-cinq mil livres, deslivrer les titres desdits offices, et un acte de nommination en bonne forme, recevoir ce qui sera payé comptant en passant les contrats, ou à l'escheance des termes qui seront convenus, ou lors des rachapts des rentes qui auront esté constituées pour parties des prix, donner quittances et descharges, consentir subrogations, employer les deniers qui reviendront ausdits mineurs de tout ce qui sera receu, soit en rente sur la ville de Paris, sur le clergé, en augmentations de gages sur des communautés et compagnies, et sur des particuliers, lesquels employer ladite dame ne sera point garente, pourveu qu'ils soient faits en la présence dudit subrogé tuteur et par avis des parens dument homologués ; lequel subrogé tuteur demeurera tuteurs à tous lesdits enfans mineurs à l'effet de régler et liquider les propres dudit feu sieur Racine, ladite dame sa veuve leurs remploys et les effets de leur communauté, afin de connoistre ce qui revient de net au proffit de chacune des parties intéressées : tous lesquels employs et remploys cy dessus establis ne regarderont point ceux qui les rembourseront ny les acquéreurs qui ne seront point obligés de les suivre pour descharge, le tout suivant l'avis et consentement desdits parens et amis cy dessus que nous avons omologué ; lesquels dame veuve mère et Morambcr, sieur de Riberpré, comparoistront par devant nous pour accepter lesdites charges et faire le serment accoustumé.

(*Archives nationales*, Y. 4079).

Annexe sur parchemin.

(15 JUILLET 1699)

A tous ceux qui ces présentes lettres verront, Charles Denis de Bullion, marquis de Gallardon, conseiller du Roy en ses conseils, garde de la Prevôté de Paris, Salut : scavoir faisons que l'an 1699, le 15 juillet, par devant nous, Jean Le Camus, chevalier, conseiller du Roy en ses conseils, lieutenant civil, sont comparus les parens et amis des enfants mineurs de deffunt Jean Racine, escuier, conseiller secrétaire du Roy, gentilhomme ordinaire de sa chambre, tresorier de France à Moulins, et de dame Catherine de Romanet, à présent sa veuve, scavoir, M' Louis Elliet Du Pin, docteur en théologie de la faculté de Paris et professeur royal en théologie, Joseph Godefroy Elliet, écuyer, sieur du Pin, M' René Pintrel, seigneur des Bizez, conseiller du Roy, président en sa cour des monnoyes, Maistre Anthoine Léonin, avocat au parlement, cousins paternels, M' Eustache Hénin, conseiller au parlement, M' Jacques Prévost, conseiller du Roy, maistre ordinaire en sa chambre des comptes, Claude Prévost, sieur de Barecourt et Nicolas Lemazier, escuier, cousin maternel, tous par Mr Claude Gacon, procureur en cette cour, d'eux fondé de procuration, annexée à la minute des présentes, le quel Gacon, au dit nom, après serment par luy fait au cas requis, nous a dit pour ses constituans que sur ce qui leur a esté représenté par la dite dame Catherine de Romanet, (nommée tutrice des dits mineurs, par avis de leurs parens du 11 may dernier, contenant entre autres choses que l'on ne pourrait vendre le dit office de trésorier de France, moins de 25.000 livres) qu'elle n'a pu trouver du dit office de trésorier de France que la somme de 22.000 livres, qu'elle en a conféré avec les dits sieurs parents et qu'ils ont reconnu que ce prix estoit assez convenable, eu égard aux gages, augmentations de gages et autres droits en dépendant, aux frais qu'il fallait faire pour y estre reçu, et au prix qu'il convient incessamment payer, pour estre admis à l'exercer, et qu'il ne fallait pas perdre cette occasion, ils sont d'avis que les dits offices, gages et droits soient vendus moyennant les d. 22.000 livres, que la dite dame Racine reçoive la d. somme en passant le contrat, ou aux termes où elle sera payable, ensemble le remboursement des rentes, si aucune estoit constituée pour partie du prix. Ce faisant l'acquéreur en soit bien et valablement deschargé, et au surplus sont d'avis que l'avis des parens du 11 mai dernier soit ix^{te} (*sic*) et que de tous les remplois qui seront faits en présence du subrogé-tuteur de ceux des d. mineurs, qui sont en tutelle, la dite dame Racine en soit bien et valablement deschargée.

Sur quoy, nous disons qu'il est permis et permettons à la dite dame Racine en la qualité de tutrice de ses enfants mineurs de vendre le dit office de trésorier de France à Moulins, gages et droits en dépendant, moyennant la dite somme de 22.000 livres, recevoir la dite somme, soit en passant le contrat, ou aux termes où elle sera payable, ensemble le remboursement de rentes, si aucune estoit constituée pour partie du prix, quoy faisant, l'acquéreur en sera bien et valablement deschargé, et au surplus, ordonnons que notre sentence du 11 mai dernier, rendue sur l'avis desd. parents soit exécutée, et que de tous les remplois qui seront faits en la présence du subrogé-tuteur, de ceux des mineurs qui sont en tutelle, la dite dame Racine en sera et demeurera bien et valablement quitte et deschargée, suivant l'avis des dits parents que nous avons omologué. Et en tesmoin de ce, nous avons fait sceller ces présentes. Fait et donné au Chastelet de Paris, par nous, juge susdit, le dit jour, 15 juillet 1699.

   Signé

     TARDIVEAU

Avis Racine.

 R. xi

f. xxx iii

  scel xx.   Scellé le 16 juillet 1699

       MIRAL

       20 s.

           18 l. t. 15 s.

LIQUIDATION ET PARTAGE

DERNIER JUILLET 1699

Après le décès de Mr Jean Racine, conseiller secrétaire du Roy, maison, Couronne de France et de ses finances, thrésorier général de France et Président au bureau des finances de la généralité de Moulins, gentilhomme ordinaire de la chambre du Roy, il a esté fait inventaire à la requête de dame Catherine de Romanet, sa veuve, tant en son nom, à cause de la communauté de biens, qui avait esté entre elle et le dit deffunt, que comme tutrice de demoiselles Elisabeth, Françoise Jeanne Nicolle, Madelaine et de Louis Racine, escuyer, enfants mineurs du dit deffunt et d'elle, esleue en cette qualité de l'avis de leurs parens par acte fait au Chastelet de Paris, expédié par Tauxier, l'aisné, greffier, en date du 11 mai 1699, en la présence de Jean Baptiste Racine, escuier, gentilhomme ordinaire de la chambre du Roy, émancipé d'âge par lettres obtenues en chancellerie le 9 des d. mois et an, assisté à cet effet de Claude Pierre Collin de Moramber, seigneur de Riberpré, avocat au Parlement, son beau-frère et curateur, et encore le dit sieur de Moramber, à cause de dame Marie Catherine Racine, son épouse, et aussy comme subrogé-tuteur des d. sieur et demoiselles mineures, non émancipées, en curatelle et subrogée tutelle par le même acte fait au Chastelet, toutes les dites charges, acceptées par la dite dame Racine et le sieur de Riberpré le 12 du dit mois, sans déroger par la d. dame au droit de garde-noble d'aucun de ses enfants, les dits sieurs Jean Baptiste, dame Marie Catherine, demoiselles Elisabeth, Françoise Jeanne Nicolle, Magdelaine et Louis Racine, frères et sœurs, au nombre de six, habiles à se porter héritiers du dit feu sieur Racine, leur père, par inventaire passé par devant Mouffle et Caillet, notaires à Paris, et datté au commencement du dit jour, quatorze may 1699, clos au Chastelet le 22 desd. mois et an.

Suivant les inventaires et procès-verbal de vente de meubles fait en conséquence par Maleteste, huissier priseur, datté au commencement du 1er juin 1699, et en fin du dernier juillet au dit an, les meubles contenus au dit inventaire, non compris la vaisselle d'argent et les deniers comptants et dis-

traction faite de ceux choisis et retenus par la dite dame
Racine pour la somme de 3920 livres, en déduction de son préciput de 4000 livres, montant à la somme de   8914 l. t. 7 s. 7 d.
la vaisselle d'argent à . . . .   6080 l. t. 4 s. 5 d.
les deniers comptants à . . . .   4322 l. t. 3 s.

Le dit inventaire porte que des gages de la dite charge de
trezorier de France, il en estoit deub l'année 1698, mais les
porte jusqu'au 16 juillet 1699, que le dit office a esté vendu,
par contrat passé par devant le dit Caillet et son confrère,
quoi qu'on ne dust employer les dits gages que jusqu'au jour
du décès du dit sieur Racine, attendu que la dite charge est
un propre de luy et néantmoins montent depuis le 22 mai,
jour de la closture du dit inventaire jusqu'au 16 juillet, jour
de la vente, à 320 livres, 16 sols, 8 deniers, pour un mois
et 22 jours, de moitié desquels 320 livres, 16 sols, 8 deniers,
la dite dame Racine fera raison à ses enfants, ils se trou-
veront monter à . . . .   3388 l. t. 12 s. 6 d.

Plus qu'il estait deub des gages, droits de grandes et petites
bourses, et honoraires de la dite charge de secrétaire du
Roy, qui estoit un conquest de communauté, la somme de
718 l. t. 15 s., outre le quartier de janvier 1699, des grandes
bourses et qui n'était pas encore fixé et estant portés
jusqu'au 17 juin au dit an qu'ils ont cessé d'avoir cours,
suivant la vente faite de la dite charge, par contrat passé
devant Caillet et son confrère, le 5 du d. mois, ils se trouvent monter à . . . .   1694 l. t. 8 s. 8 d.

Plus qu'il estoit deub l'année 1698 des gages de la charge
de gentilhomme ordinaire du Roy montant à . .   2000 l. t.

Plus les arrérages escheus depuis le 1ᵉʳ juin de la dite
année de la rente de 722 livres 4 s. 5. d. deue par le Clergé
du diocèze de Paris, les quels comptés jusqu'au 22 mai, jour
de la clôture du dit inventaire, se montent à.   285 l. t. 16 s. 11 d.

Les six premiers mois de la rente de 820 livres sur les
aides et gabelles, se montent à . . . .   410 l. t.

L'année 1698, de la pension de deux mil livres du dit feu
sieur Racine en qualité d'homme de lettres, cy . .   2000 l. t.

En fermages de la ferme de Variville, tant de l'année 1698
que des précédentes, la somme de . . . . . .   1471 l. t.

N'estant icy rien employé des revenus de la ferme de l'année 1699, attendu que le décès du sieur Racine est arrivé
dans un temps où les fruits étaient pendants par les racines
et qu'ils faisaient par conséquent partie du fonds de lad.

ferme, qui est un propre de la lad. dame Racine, qu'elle avait lors de de son mariage.

Les loyers courants depuis le premier avril 1699 de la maison sise rue de la Grande Friperie, à l'enseigne du Chat, et comptés jusqu'au dit jour 22 mai, montant à   .   116 l. t. 10 s.

L'année 1698 de la rente viagère en tontine du dit deffunt, avec l'accroissement, le tout montant à.   .   .   .   36 l. t. 3 s.

Finalement 25 l. t. pour le sieur Rivière, à la Ferté-Milon. Sur les quelles sommes la dite dame a prélevé, restant de son préciput . . . . 80 l. t.

Ainsi, il reste en effets mobiliers. .   .   30.654 l. t. 6 s. 1 d.

Les immeubles contenus au dit inventaire sont : la charge de secrétaire du Roi, vendue par le contrat susdatté.   79.500 l. t.

Huit cent vingt livres de rente, au denier dix-huit, sur les aydes et gabelles, constituées au dit sieur et dame Racine par contrat passé par devant Galloys, notaire et son confrère, notaire, le 3 septembre 1684, au principal de   .   .   14.760 l. t.

Sept cent vingt-deux livres quatre sols cinq deniers de rente au mesme denier, deues par Messieurs du Clergé du diocèze de Paris, par contrat du 13 juillet 1694, reçu par Desnots et le dit Caillet, notaires, au principal de.   13.000 l. t.

La maison du Chat, ci-devant mentionnée, acquise moyennant la somme de.   .   .   .   .   18.400 l. t.

Les ditz effets immobiliers se montent à .   .   .   125.660 l. t.

Les debtes de la communauté sont :

A Me Galloys, pour billets portant promesse de passer constitution. . . . . 10.000 l. t.

Pour les arrérages qui en estoient dûs .   .   .   611 l. t. 3 d.

4.539 l. t. 11 s. 6 d. dues au sieur de Riberpré, savoir : 4.300 livres de principal pour partie de la dot de madame de Riberpré et 89 l. t. 11 s. 9 d. d'interests et 150 l. t. pour réparer l'erreur qui s'est trouvée dans les arrérages de la rente qui lui avait été transportée par Me de Gouzancourt.

385 l. t. 18 s. 9 d. dues au sieur Maréchal pour le loyer de la maison où le dit deffunt demeurait avec sa famille, depuis le 1er janvier jusqu'au 22 mai, sur le pied de 975 l. t. par an.

180 livres pour la pension de la demoiselle Françoise-Jeanne-Nicole Racine, sur le pied de 300 l. t. par an, depuis le 17 octobre 1698, jusqu'au 22 may ensuivant.

140 livres 12 s. 6 d. pour la pension de la demoiselle Elisabeth Racine, depuis le 14 juin 1698, jusqu'au dit jour 22 mai, sur le pied de 150 l. t. par an.

150 livres pour les pensions dues pour les dames de Romanet à Variville, jusqu'au dit jour 22 mai 1699. Les arrérages des d. pensions du dit jour 22 mai 1699 en avant, regardant la dite dame Racine.

108 livres 6 sols 4 deniers, pour la pension de la dame Racine, aux Ursulines de Melun, depuis le 6 novembre 1698, jusqu'au dit jour 22 mai, à raison de 200 l. t. par an.

18 livres 15 sols pour trois mois escheus au dit jour 22 mai, des gages de Dumesnil, lacquais, a raison de 75 l. t. par an.

140 livres pour les gages de Madame Ormilly, femme de chambre, jusqu'au 22 may.

24 livres à Loyseau, cuisinière, jusqu'au dit jour 22 mai.

33 livres 15 sols, à Courbazier, lacquais, pour ses gages deubs jusqu'au dit jour 22 mai, à raison de 90 l. t. par an.

74 livres 1 sol pour les frais d'obtention et d'enregistrement des lettres qui accordent les gages intermédiaires aux offices de secrétaires du Roy et de thrézorier de France.

14 livres 15 s. dues au sieur de Romanet, pour mesnues fournitures par luy faictes à Mr Racine à Variville.

Total des debtes. . . . .   16.420 l. t. 19 s.

Les quelles debtes et charges doibvent estre prélevées sur les effets mobiliers et immobiliers de la d. commuauté, par contribution, la quelle est ainsi faite :

Les effets mobiliers montants à la somme de 30654 l. t. 6 s. 1 d. en doivent porter celle de 3220 l. t. 19 s. Partant, ils se trouvent par ce moyen réduits à . . . .   27.433 l. t. 16 s. 1 d.

Et les effets immobiliers montant à 125.560 l. t. doivent porter le surplus des debtes passives, montant à 13.200 l. t. 9 s. au moyen de quoy, il ne reste plus desd. effets immobiliers que la somme de 112.459 l. t. 11 s. sur les quels restants desd. mobiliers et immobiliers il faut présentement prélever les propres conventionnels tant de la dite dame Racine que du deffunt sieur Racine, pareillement par contribution.

REMPLOI DES PROPRES CONVENTIONNELS.

Les biens de la dame Racine, mobiliers, lors de son mariage, et les immobiliers remboursés ou aliéné pendant la communauté montent à 39.652 l. t. 12 s. 1 d. à quoy adjoutant 10 l. t. 7 s. 4 d. pour l'erreur de l'article 9 du dit estat, le tout se monte à la somme de 39.662 l. t. 19 s. 5 d. sur quoy

il faut déduire 95 l. t. 13 s. 4 d. pour l'erreur de l'article 12
du mêsme estat, partant, il restera 31.566 l. t. 6 s. 1 d.

Plus, il faut encore déduire 8.417 l. t. 12 s. 10 d. au lieu de
9.475 l. t. 8 s. 10 d. dont il paraissait que la desduction devait
estre faitte sur les fonds de la dame Racine pour debtes qui
regardaient le fonds des biens de la d. dame Racine suivant
estat. Les 1.057 l. t. 16 s. faisant le surplus des 9.475 l. t. 8 s.
10 d. annoncés pour des frais faits pendant la communauté du
dit feu sieur Racine et dame sa veuve, qui sont regardez
comme charges de la d. communnauté, sur laquelle somme de
31.665 l. t. 6 s. 1 d. desduction estant encore faitte de 15.000 l. t.
mises en communauté, il reste celle de 16.148 l. 13 s. 3 d. à
quoy montent les propres conventionnels de la dite dame
Racine.

Les biens du dit deffunt sieur Racine, tant mobiliers qu'immobiliers, allienez pendant la communauté montent à
24.400 l. t. 18 s. 6 d., sur quoy il faut déduire 1000 l. t. qu'il
devoit à Mr de Passy avant son mariage, ainsi qu'il l'a escript
lui même et qui ont esté remboursées durant l'inventaire ;
plus 1835 l. t. payées pour la charge de premier président
des Thrézoriers de France à Moulins, et 1350 l. t. pour celle
de commissaire des estapes au mesme bureau ; les dites deux
charges réunies au bureau des dits Thrésoriers de France à
Moulins, ce qui a augmenté le prix de chacun office du d.
bureau et desquelles sommes l'indemnité estoit due à la dite
communnauté, attendu que le d. office était propre de communauté avec le dit feu sieur Racine. Plus 15.000 l. t. par luy
pareillement mis en communauté, toutes les d. desductions
montant à 19.174 l. t., lesquelles, prélevées sur les d.
25.400 l. t. 8 s. 6 d., il ne restera à remplaeer des biens dud.
feu sieur Racine que . . . . 5225 l. t. 18 s. 6 d.

Lesquels propres, communs entre les dits sieur et dame
Racine, montant ensemble à 21.374 l. t. 11 s. 9 d., dont il y a
16148 l. t. 13 s. pour la dame Racine et 5225 l. t. 18 s. 6 d. et
ses enfants, se doivent prendre sur le restant des effets
mobiliers et immobiliers par contribution, sur le pied de
la quelle les 27.333 l. t. 16 s. 1 d. restant des d. effets mobi-
liaires, la première contribution deduitte demeure porter
4191 l. t. 13 s. 11 d., dont il appartiendra à la d. dame Racine,
2947 l. t. 2 s. 3 d. et à ses enfants 244 l. t. 13 s. 8 d. à proportion de leurs remplois. Ainsy, il ne reste plus des d. effets
mobiliers (la seconde contribution déduite) que 23.242 l. t. 2 s.

De la quelle somme, la moitié, montant à 11.621 l. t. 1 s. appartient à la dame la Racine, et l'autre moitié à ses enfants.

Et les 112.459 l. t. 11 s. restant des d. effets immobiliers, la première contribution déduitte, porteront le restant des propres montant à 17.182 l. t. 15 s. 1 d. dont il appartiendra 13.201 l. t. 10 s. 9 d. à la dite dame Racine, et le surplus à ses enfants, montant à 3.981 l. t. 4 s. 4 d. à proportion de leurs remplois et les 17.182 l. t. 15 s. 1 d. levés sur les d. 112459 l. t. 11 s. il ne restera plus desd. effets mobiliers que la somme de 95.276 l. t. 15 s. 1 d. dont moitié, soit 47608 l. t. 7 s. 11 d. appartient à la dame Racine et pareille moitié à ses enfants.

Il résulte de cette liquidation qu'il revient :

Scavoir :

A la dame Racine pour sa part dans les effets mobiliers, les debtes payées, la somme de 14668 l. t. 3 s. 3 d., dont il y a 2947 l. t. 2 s. 3 d. qu'elle prélève à cause de ses remplois et 11621 l. t. 1 s. pour sa moitié du restant des effets mobiliers, lesd. remplois levés, et 60839 l. t. 18 s. 8 d. à cause de la communauté, y compris ce qu'elle a droit de prendre et prélever à cause de ses remplois, soit au total 75.408 l. t. 1 s. 11 d.

Et aux enfants 64.185 l. t. 7 s. 1 d. Plus à ceux ci 22.000 l. t. pour le prix de la vente qui a esté faite de la charge de thrésorier de France à Moulins, dont le sieur Racine était pourveu avant son mariage, sur la quelle il convient déduire 4317 l. t. 3 s., savoir 1417 l. t. 3 s. pour frais funéraires et d'enterrement du dit feu sieur Racine, y compris leur part des frais d'inventaire et de tutelle, plus 1600 l. t. pour le deuil de la dame Racine et 1300 l. t. pour legs pieux faits par le deffunt sieur Racine par son testament, qui ne contient que la disposition des d. legs pieux, et le choix de sa sépulture, et que la dite dame Racine a entre ses mains.

Et pour fournir à la dame Racine ce qui lui revient, il lui appartiendra la maison du Chat, rue de la Grande Friperie pour le prix payé de 18400 l. t., les 15000 l. deues du reste du d. office de Secrétaire du Roi, au capital de 30.000 l. t. et 2708 l. t. 1 s. 11 d. en deniers comptants (1).

(1) Suivant M. Mesnard. Madame Racine aurait perdu sa fortune lors du système de Law.

CONTRAT DE MARIAGE DE MARGUERITE VITARD

Le 16 avril 1686, Louis Bengy, correcteur en la chambre des comptes, épousait Marguerite Vitard, fille de feu Nicolas Vitard, seigneur de Passy, avocat au Parlement, et de Marguerite Lemazier.

Dans les signatures du contrat, nous relevons celles de :

Claude Auguste Vitart de Passy, mousquetaire du Roi, frère.

Claude de Romanet, trésorier de France à Orléans, beau-frère.

Marie Vitart, sa femme, sœur.

Pierre Sellier, bailli du duché de Chevreuse, cousin.

Jean Racine, trésorier de France à Moulins, cousin paternel.

Catherine de Romanet, sa femme, cousine (1)

---

(1) En février 1856, Nicolas Vitard, avocat en Parlement, demeurant à Paris, rue Christine, était déjà intendant des affaires de Louis-Charles d'Albert, duc de Luynes, et d'Albert, Pair de France.

Dans une constitution de rente de 1679 Claude de Romanet, s' de Coulevin, trésorier de France à Orléans et Marie-Charlotte Vitard, demeurant rue Saint-André-des-Arts, signent un reçu à Nicolas Vitard, sieur de Passy, et à Marguerite Le Mazier, son épouse.

Marie-Charlotte Vitard avait épousé Claude de Romanet; leur contrat fut reçu par Cheron et Balai, notaires à Château-Thierry, le 3 septembre 1697 (Minutier de M' Galloys). Voir sur les Vitard le premier volume de M. Mesnard.

CONSTITUTIONS DE RENTES

Le 22 mars 1675, Nicolas Vitard, seigneur de Passy, demeurant à l'hotel des Ursins, paroisse St Landry, constitue à Jean Racine, demeurant même rue, 400 l. t. de rente, moyennant prêt de 8.000 l. t.

Racheté le 9 sept. 1681.

Le 12 juillet 1681,

Claude de Romanet, écuyer, conseiller du Roi, trésorier de France à Orléans, demeurant à Paris rue St André des Arcs, procureur de J. B. de Romanet, écuyer, conseiller du Roi et trésorier de France à Amiens, constitue à Jean Racine, d[u] rue du Cimetière, 105 l. t. de rente, moyennant prêt de 2100 l. t. et 100 l. t. de rente pour prêt de 1000 l. t.

Dans la procuration jointe, J.-B. de Romanet, demeurant à Montdidier, paroisse du St Sépulchre, se dit héritier de Magdelaine Dournel, veuve d'André de Romanet, trésorier de France à Amiens, ses père et mère.

Le même jour, Madelaine Mallet, fille majeure, demeurant à Paris rue de la Femme sans Teste, reconnaissait avoir reçu de Claude de Romanet et de Jean Racine 3900 l. t. pour rachat de rentes.

Le 5 septembre 1681, Jean Racine, demeurant rue du Cimetière, déclarait ne prétendre rien à 1000 l. t. de rente à lui constituées sur les aydes et gabelles par contrat passé devant les notaires Caillet et Galloys, moyennant 18.000 l. t., mais que la dite rente appartient à Charles François Félix (1), conseiller et premier chirurgien du Roy, demeurant à Paris dans le Louvre, au quel le sieur Racine n'a fait que prêter son nom.

(1) Voir, sur le chirurgien Félix, sa notice complète dans le St Simon de M. de Boislisle, tome VIII, p. 239. Il est d'ailleurs dans toutes les biographies

Et les enfants auront : 820 l. t. de rente sur les aides et gabelles, au capital de 14760 l. t., plus 722 l. t. 4 s. 5 d. de rente au principal de 13000 l. t. à prendre sur le clergé de France.

(Suivent les formules)

Signé : CATHERINE DE ROMANET.

COLLIN DE MORAMBER DE RIBERPRÉ.

MOUFFLE.   CAILLET.

Le 3 janvier 1688, Charles-Honoré d'Albert, duc de Chevreuse, comte de Montfort, capitaine-lieutenant des deux cents chevau-légers de la garde ordinaire du Roi, et Jeanne-Marie Colbert, son épouse, demeurant rue St Dominique, paroisse St Sulpice, constituent à J. B. Racine, conseiller du Roi, trésorier général de France en la généralité de Moulins, demeurant rue du Cimetière, paroisse St André des Arts, 1.000 livres de rente pour prêt de 22.000 livres.

Le 20 décembre 1689, Nicolas Boileau, sieur des Préaux, demeurant au Cloitre Notre Dame, paroisse St Jean le Rond, constitue à Jean Racine 300 l. t. de rente pour un prêt de 10.000 l. t.

Le 17 mai 1695, constitution de Ville à Jean Racine. 2.940 l. de capital pour 210 l. de rente.

Le 29 mai 1695, Nicolas Boileau, sieur des Préaux, constitue à Racine cent cinquante livres de rente, moyennant prêt de trois mille livres.

Racine reconnaît avoir reçu ces 3.000 l. avec les arrérages, le 12 mars 1696.

(Minutier de Me Galloys).

CONTRAT DE MARIAGE DE LOUIS RACINE
1er Avril 1728 (1).

Furent présents : Louis Racine, escuyer, l'un des associés
de l'academie royale des belles-lettres et directeur des fermes
à Moulins, y demeurant ordinairement, estant de présent à
Paris, logé chez madame sa mère, cy après nommée, au carré
de Ste Geneviefve, paroisse St Étienne du Mont, le sieur Racine,
majeur, fils de deffunt Jean Racine, escuyer, conseiller secretaire du Roi, maison, Couronne de France & de ses finances,
trésorier de France au bureau des finances de la généralité
de Moulins, gentilhomme ordinaire de la chambre de Sa
Majesté & de dame Catherine de Romanet, son espouze, à
présent sa veuve, de la quelle pour ces présentes le dit sieur
Racine est assisté & autorizé pour luy & en son nom, d'une
part.

Pierre du Moulin, escuyer, conseiller secrétaire du Roy,
maison, Couronne de France & de ses finances, demeurant à
Paris rue de la Vieille-Monnaye, paroisse St Jacques la Bou-
cherie, au nom & comme procureur de dame Angélique de
Santilly, sa belle-sœur, veuve de Pierre Presle, écuyer,
seigneur de l'Écluse, Saint Jean Dardière, de Racé, Taponas &
autres lieux, le dit sieur du Moulin en cette qualité stipulant
pour la dite dame Presle et messire Pierre Berger de Ressy,
chevalier, conseiller du Roy en sa cour de Parlement et
commissaire aux requêtes du Palais, demeurant à Paris, rue
Ste Anne, paroisse St Roch, au nom et comme procureur de
la d. demoiselle Marie Presle, demeurante avec la dame sa
mère qui l'a deuement autorizée.

Les d. sieurs du Moulin et de Ressy, fondez de la procuration à eux passée par les d. dame et demoiselle Presle,
spéciale à l'effet des présentes, devant Vignière et Vernon,
notaires à Lyon le 23 mars dernier.

Lesquelles parties, pour raison du mariage arresté entre
Louis Racine & la d. demoiselle Marie Presle dont la célébra-
tion se fera incessamment en face de Notre Mere Sainte

_____

(1) Nous devons l'indication de ce contrat et des pièces suivantes à
M. Louis d'Illiers.

Église et aussi tot qu'il aura été convenu entre eux et leurs
parens & amys, sont volontairement convenus et demeurés
d'accord du traité de marriage qui ensuit, en présence :

Savoir de la part du s^r futur époux, de l'agrément de Monseigneur Henry d'Aguesseau, Chancelier de France, et de dame
Anne Lefebvre d'Ormesson, son épouse ; et en présence de
Jean-Baptiste Racine, écuyer, frère ; de dame Marie-Catherine
Racine, veuve de M. Collin de Moramber, avocat en la cour,
sœur ; Jeanne-Nicole-Françoise Racine, fille majeure, sœur ;
d^lle Madelaine Racine, aussy fille majeure, sœur ; d^lle Ange-
lique Jeanne de Moramber, fille, nièce ; Claude de Romanet,
écuyer, conseiller du Roi, président trésorier de France au
bureau des finances de Picardie, cousin germain maternel ;
Nicolas-François Fillon de Villemur, écuyer, greffier en chef
du parlement de Toulouse, l'un des fermiers généraux de
Sa Majesté, cousin ; de Mgr Michel-Robert Lepelletier des
Forts, chevalier, seigneur du Mesnilmontant, comte de S^t
Fargeau, conseiller d'Estat ordinaire & au conseil Royal,
controlleur géneral des finances ; M. Louis Fagon, chevalier,
comte de Nauré, conseiller d'Estat ordinaire & au conseil
royal, intendant des finances ; M. Pierre-Hector le Guerchoy,
chevalier, comte de Ste Colombe, Averton et autres lieux,
conseiller d'Estat ordinaire et de Magdelaine d'Aguesseau,
son épouse ; messire Dominique de Barberie de St Contert,
conseiller d'Estat ordinaire & dame Marie-Françoise le
Maistre, son espouze ; M. Pierre-Gilbert des Voisins, conseiller
du Roy en ses conseils, président de la seconde chambre des
enquestes, dame Françoise-Genevieve Dongois, son espouze ;
M. Pierre-Gilbert des Voisins, conseiller du Roy en son conseil
d'Estat, son premier avocat général en sa cour de Parlement,
dame Anne-Louise de Fieubet son épouse ; M. Michel-Étienne
Turgot, chevalier, seigneur de Soubons, Hussy & autres
lieux, conseiller du Roy en ses conseils, président de la
seconde chambre des requêtes du Palais ; Mre Henri-Fran-
cois de Paule d'Aguesseau, chevalier, conseiller du Roy en
ses conseils, son second avocat général en sa cour de Parlement ; M. Jean-Baptiste-Paulin d'Aguesseau de Fresnes, conseiller du Roy en ses conseils, maître des requêtes ordinaires
de son hostel ; Mre Louis-Henri d'Aguesseau, chevalier, mestre
de camp de cavalerie ; Mre Charles-Henri d'Aguesseau de Pli-
mont, chevalier ; Mre Guillaume-Antoine de Chatelus, brigadier des armées du Roy, & dame Claire-Thérèze d'Aguesseau,

son épouze ; M. Denis Dodard, chevalier, conseiller du Roy en ses conseils, maître des requêtes ordinaires de son hostel; dlle Marie-Elisabeth de Perigny, épouse du sieur de Ressye, ci-devant nommé ; M. Dominique-François de Barberie de St Contert, conseiller au Parlement ; M. Louis-Henry de Barberie, chevalier seigneur de Chateigneraye ; Mre Dominique-Jacques de Barberie, chevalier, sr de Courteil, conseiller au Parlement ; Mre J.-B. de Valincourt, conseiller du Roy en ses conseils, secrétaire général de la marine, l'un des quarante de l'Académie française et honoraire de l'Académie des Sciences ; Mre Eusèbe-Jacques Chassepou, chevalier, sgr de Verneuil, conseiller du Roi en ses conseils, secrétaire ordinaire du cabinet de S. M., de Louise-Françoise Bigres, son épouze; Mre Joseph Leboury de Montmorel, prêtre, docteur de Sorbonne; Jean-François de la Porte, écuyer, l'un des fermiers généraux de S. M.; Mre Louis-Roland Daubreuil, écuyer, l'un des fermiers généraux de S. M.; M. Estienne Permel, écuyer, aussy l'un des fermiers généraux de S. M.; Messieurs Louis et Étienne Perrinet, bourgeois de Paris; dlles Louise et Marie-Anne Perrinet; dlle Marie Babault, filles et dlle Anne Favart, épouse de Sellier, l'un des notaires soussignés, amis.

Et de la part de ladite dlle future espouze, de Gabriel Presle escuyer, seigneur de l'Ecluse; dame Angélique Presle, veuve de François Forret de la Tour, écuyer, conseiller secrétaire du Roy, maison, Couronne de France & de ses finances, receveur des tailles de Montluçon, sœur; dame Anne Santilly, épouse du sr Dumoulin, tante maternelle; Mre Louis-Gaspard de Ficubet, chevalier, sgr de Beauregard, conseiller au Parlement, cousin germain maternel à cause de feue dame *blanc* du Moulin son épouse; Mre Pierre-Gaspard de Ficubet, chevalier, cousin issu de germain; M. Germain Santilly, bourgeois de Paris, oncle maternel; dlle Marie-Marguerite Moreau, son épouze, dlle Jacqueline-Philippe Hardouin, veuve du sr Denis de Santilly, bourgeois de Paris, tante maternelle à cause du feu sr son mari; M. Jean-Nicolas de Santilly & dlle Marie-Catherine de Santilly, fille, cousin & cousine germaine maternelle; M. Thomas de Santilly, bourgeois de Paris, oncle maternel à la mode de Bretagne, & Marie-Louise Rohault, son épouze; M. Louis Anisson, abbé de N. D. d'Euzy, grand vicaire de Mgr l'archevesque de Lyon; dame Madelaine Sabine de la Tour Gouvernet, veuve de M. le Comte de Virreville; M. Jean-Frédéric de la Tour Gouvernet, chanoine de l'Église de Paris ; M. François-Olivier de Senozan, receveur général du clergé de France ; dame Jeanne-Madelaine de Vireville son épouze ; M. Jean-Antoine Montmagny de Senozan ; d^{lle} Anne-Sabine de Senozan ; Mathieu Terrasson, écuyer, avocat au parlement, Catherine Tuffier, son épouse, amis ; Gaspard Grimod, écuyer, sieur de la Reynière, l'un des fermiers généraux de S. M., et dame Marie-Jeanne Labbé son épouze ; M. Simon Hoby, professeur de belles-lettres au collège de la Marche, amis communs.

(Suivent les formules).

Les époux sont communs en biens meubles & conquets immeubles suivant la coutume de Paris.

Mlle Presle recoit 60.000 l. t. de dot, savoir 20.000 l. t. sur la ville de Lyon, 20.000 sur les sels et droits du Roy en la ville d'Avignon et 20.000 l. t. sur les aides et gabelles.

Les biens de Louis Racine comprennent :

Une obligation de M^{rs} & Mlle Sellier. . . . . . . 3000 l. t.

Une obligation de M. de Verneuil, secrétaire du Cabinet du Roy. . . . . 7000 l. t.

Une obligation de M. de Vanolles, maître des requêtes . . . . 6000 l. t.

Une obligation d'Étienne de Varenne, sgr de Marigny, Gournay et autres lieux, brigadier des armées du Roi. 14000 l. t.

Sur les aides et gabelles. . . . . 9160 l. t.

En deniers comptants & pour la valeur de sa bibliothèque. . . . . 8000 l. t.

Plus sa part dans une pension de 2000 l. t. par an accordée par le feu Roi au père du futur époux, laquelle pension se partage entre la dame veuve & ses enfants.

Mad. Racine, mère, cède à son fils 150 l. t. de rente au principal de 6000 l. t. sur les aides & gabelles, plus en deniers comptant 2000 l. t.

Le total des biens de Louis Racine est donc de 55160 l. t. Mise en communauté réciproque 20.000 l. t.

Le douaire de la future épouse est de 1.200 l. t.

(Suivent les signatures.)

REMY.   SELLIER

          notaires.

TESTAMENT OLOGRAPHE DE J.-B. RACINE

*Écuyer, avocat, gentilhomme ordinaire de la chambre du Roi,
décédé hier au soir sur les sept heures.*

« Ce testament a esté trouvé dans le tiroir d'une commode
« de l'appartement qu'il occupait en une maison rue des
« Sept-Voies. »

Le dépot en a été fait par Louis Racine, écuyer, de l'Académie Royale des inscriptions et belles-lettres, demeurant à Soissons, et par Marie-Catherine Racine, veuve de Pierre-Claude Collin de Moramber, le 1ᵉʳ février 1647.

« Au nom du Père, du Fils & du Sᵗ Esprit »

« Voici mon testament.

« Je laisse à mon frère et à ma sœur les biens qui me sont
« eschus dans nos partages, tant paternels que maternels ; à
« l'égard de l'argent comptant, je laisse 15.000 l. t. à chacune
« de mes deux nièces de Moramber, pour leur aider à élever
« les enfants de leur frère, mes petits neveux. Je laisse ma
« bibliothèque à mon neveu Jean Racine ; & à Marie Noël, ma
« gouvernante, 6.000 l. t. argent comptant, à moins qu'elle
« n'aime mieux accepter le contrat de 300 l. t. de rente que
« me doit M. de Gravelle.
« Fait à Paris, dans mon cabinet, le 17 septembre 1746.

« Racine. »

Dans l'inventaire :

La vaisselle d'argent est estimée 436 l. t. 10 s.
La bibliothèque, prisée par de Peray, huissier priseur, et Martin, libraire, 2.997 l. t. 10 s.
Et s'est trouvé dans un coffre-fort en louis d'or et d'argent la somme de 66.988 l. t. 12 s. *(sic)*.

13 Janvier 1746.

Mirleau de Neuville (Antoine-Pierre), écuyer, conseiller secrétaire du Roy, maison, Couronne de France et de ses finances, l'un des fermiers généraux de S. M., demeurant à Paris, rue Richelieu, stipulant pour Louis-Grégoire Mirleau de Neuville, son fils et de feue Marie Germain.

Et Louis Racine, écuyer, de l'Académie des inscriptions et belles-lettres, directeur des fermes de S. M. à Soissons, et Marie Presles, son épouse, stipulant pour Anne Racine, leur petite-fille, passent contrat de mariage devant le notaire Sellier.

La dot de la future est de 2.000 l. t. de rente.

L'apport du futur est de 4.000 l. t. de rente.

Signatures :

Le Chancelier de France, Trudaine, etc.

Jean et Marie-Anne RACINE, frère et sœur.

J.-B. RACINE, ancien gentilhomme de la chambre du Roi, oncle paternel, et Marie-Catherine RACINE, veuve de Pierre-Claude Colin de Moramber, tante paternelle.

9 782329 731513